国家出版基金项目
NATIONAL PUBLICATION FOUNDATION

图清宫
典

故宫博物院　编

朱诚如　任万平　主编

政务卷

于庆祥　本卷编著

故宫出版社

总　序

　　编纂多卷本的《清宫图典》是故宫学人的职责，也是故宫学人的夙愿。2002 年由我任主编，故宫同仁通力合作编纂的多卷本《清史图典》（十二册）出版后，得到学界高度评价，促使我们萌发编纂《清宫图典》的愿望。2015 年是故宫博物院九十华诞，我邀请故宫内外学界相关专业同行诸公：任万平（礼仪卷）、李湜（艺术卷）、黄希明（建筑卷）、左远波（生活卷）、于庆祥（政务卷）、滕德永（内务卷）、刘甲良（文化卷）、许静（典藏卷）、赵云田（出巡卷）、李理（禁卫卷）为十卷本《清宫图典》分卷主编，共襄盛举。历三年辛劳，终于付梓。名为《清宫图典》，意在十卷图录在手，能窥真实的清宫政务、生活全貌。

　　以图像记录历史、印证历史，古已有之。中国汉字最早源于象形，即出于图像。中国史书记事记人，向以文字记载为主，但历代学者力主左图右史。只是在当时印刷条件下，图文并茂实不可能。中国历代都有宫廷画家和民间艺人留下一批记录当时人和事的纪实性很强的绘画（包括岩画、壁画），为我们研究当时的历史留下蛛丝马迹。清朝是中国封建社会最后一个王朝，清代宫廷保存了大量的纪实性绘画、晚清的老照片，以及宫廷建筑遗址与各式遗物，为我们提供了研究宫廷历史文化的直观线索，也是我们编纂《清宫图典》的物质基础。高楼大厦不可能凭空搭建，柱础是根本。没有这些图片，就没有图录编纂的可能。

　　中国自古以来就有用绘画图像记事的传统，一些纪实性很强的绘画弥补了文字资料记载的不足，而且某种程度上能提供比文字资料记载更准确、更生动的信息。纪实性绘画分为记人和记事两类。宫廷画家的记人，主要是为帝王、后妃或名臣作"御容"或画像；记事主要是用绘画形式记录当时的重大社会历史事件。西汉毛延寿、唐阎立本都是历史上著名的宫廷画家。阎立本的《步辇图》卷，生动地刻画出唐太宗李世民接见吐蕃松赞干布派来迎娶文成公主的使臣禄东赞的隆重场面。宋代的《迎銮图》卷，绘记了南宋曹勋奉命到金国迎还宋徽宗赵佶灵柩的历史事件。正是绘画的这种无可代替的功能，使郑樵认为"图谱之学，学术之大者"（郑樵《通志》）。到明清两代，东西方海上交通得以开辟，海上交通同样也给东西方文化交流提供了便捷和可能。自明代开始，大批西方文化传播的先驱者——传教士来到中国，他们在传教的同时，也带来了西方先进的科学技术、西方的人文理念，包括西方的文化艺术。西方的绘画技术也逐渐传入中国。一些传教士的高超画艺，得到了中国统治者的认可，他们进而成为宫廷的御用画家，其中最为著名的清代宫廷画家是意大利人郎世宁。郎世宁于康熙五十四年（1715）到达中国广州，时年 27 岁。他当年即到北京，直至乾隆三十一年（1766）在北京病逝，终年 78 岁。郎世宁在中国历经康熙、雍正、乾隆三朝，在清宫中充当宫廷画家达 52 年。郎世宁不仅把西洋画法传到中国，而且为了适应中国皇帝的欣赏品位，在欧洲油画基础上吸收中国画的技法，形成了独特的画风。郎世宁在清宫中培养了一批通晓中西结合画法的宫廷画家，如丁观鹏、张为邦、王幼学等。

在清宫中的外国传教士画家，除著名的郎世宁外，还有王致诚、艾启蒙、贺清泰、安德义等。清代康熙时期，焦秉贞、冷枚、陈枚、唐岱等一些中国宫廷画家和一些民间著名画家也已经开始创作纪实性绘画。其中有王翚为主要作者的《玄烨南巡图》（十二卷）以及与其他宫廷画家合作的《玄烨六旬万寿庆典图》等。康熙后期，郎世宁的入宫，带动了更大规模纪实性绘画的创作，受其影响，一批中国的宫廷画家或合作或独自开始创作纪实性绘画。他们留下了大批南巡、大阅、秋狝、祭祀、行乐等纪实性作品，为我们今天研究清朝宫廷历史文化提供了最为生动的历史画图。绘画中不仅人物逼真，卤簿仪仗、车马轿舆，甚至画面上的头盔甲胄、衣冠服饰、八旗布阵也很逼真。2002年，故宫博物院在英国举办"乾隆时代艺术展"，其中有著名的《弘历戎装骑马像》，乾隆当时所穿戴的铠甲也同时作为实物展出，画中乾隆穿戴的铠甲，与同时展出的实物铠甲相比，竟然连每一根金丝线都是一样的，令外国观众赞叹不止。2000年，故宫博物院在台北历史博物馆举办明清家具展，因为展品中有一件乾隆皇帝当年经常使用的交椅，随展同时带去了一幅郎世宁、丁观鹏等中外宫廷画家合作的《弘历雪景行乐图》，图中乾隆皇帝所坐的交椅与展品中的交椅一模一样，器形、色彩、花纹、扶手、尺寸比例都以一丝不苟的工笔写实。更为神奇的是，另一幅《岁朝图》，画的是弘历和诸皇子在宫中欢度春节的场面，其中乾隆的"御容"，以及燃放爆竹的皇子相貌和姿态都与《弘历雪景行乐图》一模一样。纪实性到这种程度，可见这些宫廷画家们为记录历史的真实，确实花费了相当大的功力，从而为我们今天研究清朝的宫廷历史文化留下了丰富的第一手资料。

清朝纪实性绘画从内容上看主要是用来宣扬皇帝的文治武功和威仪，但是我们从每幅画上又会窥见出许多其他社会历史内容。清代宫廷画家留下了许多有价值的纪实性绘画，著名的《万树园赐宴图》就是以纪实手法描绘了我国境内蒙古杜尔伯特部的首领车凌、车凌乌巴什、车凌孟克率部内迁，乾隆皇帝亲自在离宫承德避暑山庄接见，并分别封赐王爵，赏赐贵重礼品，连续大宴十天的宏大场面。奉乾隆皇帝之命，郎世宁、王致诚等传教士画家一直参加这一重大活动，目睹了活动的全过程，对于活动中的重要人物和重大场面，这些宫廷画师均以纪实性手法加以描绘再现，客观记录了清朝政府安抚内迁的杜尔伯特部这一重大历史事件的场面。其他如描绘乾隆皇帝在万法归一殿接见万里迢迢回归祖国的土尔扈特部首领渥巴锡的《万法归一图》屏等。还有一些战图，如著名的铜版画《弘历平定西域战图》一组十六幅，描绘了乾隆时期清政府对西北用兵，平定准噶尔部达瓦齐、天山南路大小和卓木叛乱等重大战事，均有重要的历史价值。

此外，也有大量围绕宫廷和帝王活动的反映清代社会风貌、生产活动、风土人情的纪实性绘画。如著名的《玄烨南巡图》（十二卷）、《弘历南巡图》（十二卷），虽然是以描绘皇帝活动为主，但总体上看是皇帝南巡的纪实，它展现了从北京到江南沿途各地山川河脉、市井乡野、建筑园林、名胜古迹等历史风貌，描绘了大江南北沿途各地士农工商各司其职，以及漕运畅通、商业繁荣等景象。又如《康熙六旬万寿庆典图》两卷，描绘了康熙皇帝六十寿辰盛大的庆典场面。第一卷起自紫禁城的神武门，止于西直门；第二卷由西直门起，止于西北郊的畅春园。它们贯穿了大半个北京城，是当年北京城的风景画。沿途的建筑园林、街市坊间、官军庶民历历在目，再现了京城当年的繁荣景象。《京师生春诗意图》轴，以鸟瞰手法描绘了京城中心地带的全貌，画中正阳门外店铺林立，车马行人栩栩如生，皇宫紫禁城、景山近在眼前。上述画面都是场面宏大的绘画，所以图录范围广泛，历史内涵丰富，史料价值很高。此外，展示清朝大一统皇权统治下的清代农业、手工业、牧业、商业的有《制瓷图》（乾隆朝）、《耕织图》（康熙、雍正朝均有）、《制茶图》（乾隆朝）、《棉花图》（乾隆朝）、《滇南盐井图》（康熙朝）、《广州十三行图》（乾隆朝），以及《香港开埠图》（道光朝）等。清代康熙年间收复台湾后，向台湾派遣官员，大陆的文人学士不断造访台湾，清朝皇帝非常关注台湾，令遣台官员等将台湾地区的风土人情及宝岛的物产情况用绘画形式表现出来，于是有了《台湾内山番地风俗图册》和《台湾内山番地土产图册》。

清代除了大量纪实性绘画外，还有相当数量的老照片流传下来。摄影术发明后，摄影作品成为记录、储存、传递事物形象的特殊讯息载体。留存的历史照片，使人们能够"目睹"已经消逝的前人生活情状。"百闻不如一见"，历史照片可以帮助我们"看见"过去，虽然只是零散的、中断的、瞬间的形象，但它是实在的、具体的、生动的映像。它蕴藏着丰富的历史生活内容。

摄影术是1839年法国政府公布银版摄影法之后才迅速传播开来的。大约也就是1844年，两广总督兼五口通商大臣耆英，在给皇帝的奏折中提到，他曾把自己的"小照"分赠英、法、美、普四国使臣。给耆英照相的摄影师叫于勒·埃及尔，他于1844年以法国海关总检察长的身份到达中国，在广州、澳门、香港等地拍了不少照片，其中部分照片在1848—1853年的法国书刊上陆续复制刊登过，有的还收进了1920年出版的《法国摄影史》一书。照片上还留有摄影者手书的说明文字。这些照片中就有耆英的相片，大约照相术就在此时传入中国。

第二次鸦片战争后，清政府的一些官僚买办兴起了一股办洋务热，引进外资和技术设备，开工厂、修铁路、办矿山等。他们常常把工程进展情况摄制成"照相贴册"出售，有的宣传社会上的重大事件，更多的是汇集风景名胜、戏剧演出等。西方列强用大炮轰开清王朝闭关锁国的大门之际，也正是摄影术开始传播之际。有着悠久文明的东方古国，自然会吸引众多的摄影师来进行"探险""猎奇"的旅行摄影。在抱着各种目的来华的外国人中，有的是旅行摄影师，有的是传教士，有的是跟着侵略军一起打进来的。他们拍摄了大量照片，尽管是为其侵华行为张目，但客观上对沟通中西文化、保存清代社会生活场景起了很大作用。随着时代的变迁，这些独具特色的照片，其历史价值和意义越来越显得重要和宝贵。

随着照相技术的传播，晚清的皇帝和王公官僚们也开始喜欢这些洋玩意儿，他们用相机摄下了晚清皇宫的生活情况。目前故宫博物院保存的两万多块当时留下来的照相玻璃底片，其中就有当年他们的作品。外国列强在枪炮的掩护下，用相机摄下了战火中的中国，那个满目疮痍、民不聊生的中国，这些照片大多保存在欧洲各国的博物馆、图书馆里。晚清皇宫和外国人手中留下的数万张反映当时中国状况的照片，是我们研究清王朝社会政治、经济、文化和宫廷生活等历史的最真实、最可靠的资料，当然具有很高的史料价值。

应该说这些陈旧的老照片所包含的历史生活内容，其丰富性是任何语言文字描述都难以替代的。这些记录着过去时代人们生活情状的照片，尽管只是星星点点的瞬间形象，却可以开阔人们的眼界，增长对已经逝去的时代的见识，从而激起无穷的联想。它们可以弥补历史教科书的某些不足，是认识历史生活、生产、文化、艺术、建筑、服饰、礼仪、宗教等的形象资料，给人以如临其境的感觉。照片中的人物、背景中的建筑园林，都是当时历史的真实载体。至于人物之间的关系、人物与背景的关系，我们则可以结合文献资料的记载，进行研究、判断，从而得出正确的结论，达到还历史本来面貌的目的。

此外，晚清的老照片和纪实性绘画还可以互相验证，而文献记载往往做不到这一点。据朱家溍先生介绍，1947年故宫博物院对太和殿内的陈设进行调整，恢复了清代的原状。因为当时宝座台和台上金漆屏风都是清代原物，只有正中原来的宝座被袁世凯称帝时撤下来，换上了他的一个大靠背椅，这样的陈列，显然不伦不类。因此就决定撤去袁世凯的大靠背椅，换上清代皇帝的宝座。于是准备在文物库房中选择一张形制最大、制作最精的宝座，以为换上去就可以了。挑选了许多，摆上去与屏风总是不相协调。后来从老照片中找出袁世凯撤宝座前的影像，再在故宫内各处寻找，终于找出了这个宝座，虽左边有部分残缺，但右边不缺，可以比照修复。后来又发现一幅康熙皇帝的朝服像，坐的就是这张宝座。此外，还发现乾隆皇帝称太上皇时，皇极殿特制的宝座也是仿制这张宝座制作的。有了老照片和纪实性朝服像上的宝座以及乾隆时的仿制宝座，很快就修复了康熙曾坐过的这张宝座。2002年，我们又根据清代的老照片，把袁世凯时期太和殿内撤去的匾联加以恢复，这样太和殿内的原状陈列终于得到了全部恢复。从中我们可以看出，以老照片为据，从纪实性绘画中得到验证，再找到实物，这样就可以恢复历史上的原状，还历史以本来的面目。可见老照片和纪实性绘画的作用是非常重要的，无可替代的。

这些宝贵的资料虽然从数量上看很多，但收藏分散，国内国外、公家私人都有收藏，搜集齐备很不容易。此外，历史是连贯的，而这些第一手资料也有许多盲区，即许多重大历史事件既无纪实性绘画也无相关照片（或许我们现在尚未发现）。还有一个鉴别问题，纪实性绘画有些是佚名，不能判断准确年代。照片鉴别更难，特别是清代老照片，由于当时照相技术不高，底片模糊，即使很清楚的照片，由于都是一张张孤立的底片，照片上的人物究竟是谁，无从查考，需要花大功夫去鉴别，才能利用。

当然，今日之画像已非昔比。纪实性绘画随着历史的演进，亦有开拓创新。特别是摄影技术的高度发展，把图录历史推向新的高度。

《清宫图典》的文物资源，除纪实性绘画和老照片之外，遗址和遗物亦成为图录的另一重要资源。《清宫图典》中大多数图像是借助今日的先进照相术，将遗址和遗物摄录成像，编纂其中。其中宫殿亭台楼阁和园林景观皆为遗址。车马轿舆、顶戴服饰、瓷器玉器、文房用品、文书档案、占籍善本、碑帖拓片等器物皆为遗物。遗址和遗物图像是第一手历史资料，也是编纂《清宫图典》的主体部分。为了准确反映当时的历史风貌，对没有老照片的遗址我们进行了重新拍摄。全于遗物即清代宫廷留存下来的文物，我们也进行了大量的补拍，许多从未拍摄过照片的文物的图片这次被编入图典，也是《清宫图典》的一大亮点。

参与编纂《清宫图典》的诸位同仁均为学术有成、对清宫廷历史各领域素有研究的专家。古稀之年有幸与各位合作，甚为欣慰！我和任万平副院长诚挚感谢诸位的无私奉献！《清宫图典》项目在时间紧、任务重的情况下得以推进，全靠各位精诚合作，完成编纂工作。

我还要感谢任万平副院长，从编纂《清史图典》到《清代文化》图录，再到《清宫图典》，一路走来，万平同志功不可没。她熟悉故宫文物典籍、图画照片，能编纂这几大部数十卷册的图录，一等功非她莫属！

其次要感谢故宫博物院资料信息部及一些相关单位与个人，《清宫图典》中的数千张图片都由他们提供，都凝结着他们的辛劳和汗水；感谢故宫出版社宫廷历史编辑室、文化旅游编辑室团队，他们兢兢业业、一丝不苟的精细操作，保证了本书的质量。

十分荣幸本丛书纳入国家出版基金资助项目，给予资金支持，这是文化事业得到重视的标志！也是国家繁荣昌盛的标志！

图录历史开启一代风气之先，故宫内外学界同仁将为此而鼓与呼！

朱诚如
2015 年 8 月 24 日初稿
2017 年 4 月 22 日定稿
于紫禁城城隍庙

習則風俗醇厚家室稻

平在朝廷德化樂觀其貢

咸尔後嗣子孫盖愛其

福積善之家必有餘慶

其理豈或爽戟

目 录

前 言

　　清王朝自关外入主中原后，不仅重新确立了以华夷天下秩序为中心的中国观，还建立了以传统封建王朝为法统的政治体系。在承继明制的基础上，清朝历代统治者经过不断调整和修订，并结合本民族的自身特征，建立起一整套完备的、行之有效的行政运转制度、官吏选拔任用制度、宗法礼序制度、审判决狱制度以及文书运行制度，奠定并巩固了清王朝的统治，并将中国封建王朝君主专制的中央集权制度发展到了极致。

　　清代政治制度的一大特色是"清承明制"，既承继了中原传统封建王朝政体的共性，特别是对明代的体制加以延续和仿效，同时又充分体现"首崇满洲"的指导思想，保留有鲜明的满洲民族政治传统的个性。与此同时，清代作为末世封建王朝，鸦片战争后被迫从传统步入近代的历史轨迹，反映在政治制度上，体现出传统与近代交替嬗变的时代特征。

　　有清一代的政治制度建设，可大致划分为四个阶段：皇太极到康熙前期，是初创期。《大明会典》是这一时期处理政事的主要依据，并建立了以三院八衙门为主体的国家机构。定鼎中原后，多尔衮摄政期间也俱仿明制，确立了以满洲贵族为核心的满汉地主阶级政权。承袭明制过程的背后，反映了满洲贵族内部汉化与反汉化两种势力的交锋与对抗。康熙中到雍正时期，是政治制度建设的发展期，各种制度建设随着皇权的加强逐渐趋向健全和完善，特别是雍正初年"军机处"和"秘密立储制度"的建立，对中国传统的君相体制和皇位继承制进行了有效改革，为清代政治制度加入了崭新内容，表现出自己的个性。雍正朝至道光朝鸦片战争爆发前夕，是清代政制建设的成熟期。大部分典制在乾隆时基本定型，其完备程度堪称集历代封建王朝之大成。道光二十年（1840）至宣统三年（1911）清朝覆亡，为清代政治制度的衰败期。清廷在应对西方列强和日本的侵略以及太平天国等外侵内扰的过程中，对政治制度也做了一系列的调整与变革，"西风东渐"渗入官制、法律、文化等诸多领域。

　　建立一整套庞大的行政官僚机构，是清朝统治者行使以皇权为中心的封建专制政治权力的重要途径之一。本卷"朝政篇"通过对宫廷机构与中央王朝行政机构系统的展示，揭示了宫廷与王朝两个系统设置与运作、改良的情况，以及皇权在其中的运行痕迹。雍正年间，军机处成立，将原本出于处理西北军务需要而成立的机构，赋予了选拔亲信参与决策并掌管军政机要的政治意义，且进一步制度化，标志着清代君主专制独裁政体的完善。九卿机构权力不大，但贴近宫廷，属于直接办事机构，往往具有不一般的作用。鸦片战争后，随着中国半殖民地化的开始，清廷陆续设置了总理各国事务衙门、南北洋通商大臣、总税务司署等新机构。20世纪初，为了改变内外交困的窘境，清廷先后推行"新政"和"预备立宪"，官制改革是其中的重要内容。本卷有重点地利用图片体现行政机构的演进与官制的变迁，进而揭示清代政治制度与行政制度的基本特征与运作情况。

　　清帝处理内外政务均有严格的制度和仪制，朝政活动分为大朝、常朝，是皇帝礼仪性的政务活动。御门听政是皇帝公开处理日常政务的主要形式，康熙朝时确定乾清门听政之仪制。为稳固政权、维持统治秩序的正常运作，在特殊的历史时期，如新帝即位，或皇帝年幼时例由宗王摄政、权臣辅政；然慈禧垂帘听政系违反祖制，遂将垂帘听政十一条章程纳入典制，为其听政合法性寻求法律支撑。乾隆帝以执政六十年后禅位做太上皇的形式，表示对其祖父康熙帝的敬重，同时却又在退位后训政，直至生命终结，故称"归政仍训政"。清代皇帝的继承人制度，仅康熙朝册立有皇太子，后被秘密立储制所取代，保证了皇位传续的平稳过渡。其他对后妃的册封、宗室诸王公主额驸的封爵等均有相关典制规定，体现了严格的等级观念。巡幸与狩猎制度是历代王朝奉行不替的重要制度。帝王通过"省方观民"，了解民情民意，而狩猎则能满足帝王习武与游乐的需要。对清代的满族皇帝来说，狩猎更是彰显与保持骑射武功的重要手段。清帝的巡幸活动到康熙、乾隆帝时最为频繁，且臻于完善，形成集巡幸、围班、秋狝为一体的制度。南巡江南、东巡盛京的举措，蕴含有笼络汉族士人、祭祖、谒陵的政治策略意义，成为清帝主要的政务活动之一，具有鲜明的政治色彩。清王朝入主中原后，继承了传统的中外朝贡体制，将整个东亚、东南亚和中亚腹地都纳入维护华夷秩序框架的朝贡体系。19世纪，西方列强的坚船利炮迫使中国走向了世界，传统的朝贡制度也走向了终结。

　　清代满族统治者早在关外建立后金政权时就已开始厘定礼制，历努尔哈齐、皇太极、顺治、康熙、雍正五朝的修订、补充，至乾隆朝，始建成一整套系统完备并具特色的礼仪制度，包括仪卫制度、冠服制度和祭祀制度等，是尊卑有序的等级制度的具体化体现。车舆制度与乐仪制度是仪卫制度中的重要内容，其中皇帝出行的车舆称为卤簿，它的规制、仪物品种以及数量等，最能充分反映封建王朝的等级色彩和内容。乾隆十三年（1748），清廷重订卤簿之制，确定了大驾、法驾、銮驾及骑驾卤簿四等，终成定例。清廷问鼎中原后，在继承、吸收华夏传统宫廷礼乐的基础上，结合本民族的乐舞俗制，逐渐形成一套满汉相济，具有多元文化特质的乐制，对其陈设、乐律、乐章、乐器、乐仪等均有明确规定。清代的冠服制度，既保留了满洲传统服饰中的马蹄袖、披肩、前后左右开衩、缺襟、暖凉帽及朝珠等民族文化因素，同时对明代服制亦有沿革；尤其在对帝后明黄色朝服的规定以及对皇帝专用十二章与五爪龙纹样、宗室所用蟒纹、百官所用补子等纹饰的使用上，体现出鲜明的等级与权力观念。清代在沿袭明代的基础上，根据祭祀对象的重要程度，将国家祭祀分成大祀、中祀和群祀三种规模的祭祀礼仪，通过以宗法秩序为中心的合法性信仰的确立，使国家祭祀的政治功能得到充分发挥。清廷问鼎北京后，体现其"用展孝思"的谒陵礼仪日臻完备，并形成昭穆相间的东陵、西陵兆葬之制。

　　清代的官文书根据内容大致可以分成皇帝诏令文书、臣工奏章文书以及官方往来文书三种类型，其内容涉及中央与地方、地方与地方间的信息收集、指导、命令、监控、咨询、协商与沟通等，充分反映了清代行政、司法等政治行为的具体运作与实施情况，是传递政令、实施政务、加强政治控制的重要工具。盛行于雍正朝的奏折制度，则是清代文书制度上的一大创新，它的产生适应了清初政治和社会发展的需要，并在长期的演变过程中形成了固定的程式、处理程序和规则，如朱批奏折缴回制度、军机处录副制度等，对清代政治产生了重大影响。晚清光绪年间，新通信技术电报在国内的推广，引发信息传递系统内一系列新的变革，传统的谕旨、奏折制度衍生出电旨、电奏等新的文书形式。驿站是中央集权国家收集情报和传达命令的重要手段，对实现中央集权国家的政治控制发挥着重要的影响与作用。

　　"国之大事，惟祀与戎。"清朝军事制度既保持了满洲自身的军事传统，又继承了明朝军制成规。在清前期拥有八旗、绿营两支国家经制兵。按民族分编军队的制度，表现出两种不同的组织形式、指挥系统和军事任务，在中国王朝军制史上独树一帜。朝廷调动军队的军令，"礼乐征伐自天子出"，由皇帝一人决断，其他任何人未经皇帝委任无权调兵。

八旗是清入关之前建立的军队，具有部族兵的性质；绿营是清入关后，由归附明军和招募的汉兵组建而成。八旗是清廷的中央军，平时以十余万人驻守京师，是谓京营八旗或禁旅八旗，居中控外，戍卫京师；另有十万余人分驻全国各战略要地，是谓驻防八旗，以震慑地方、监视绿营、保卫边防为基本任务。发生战争时，八旗是最主要的战略机动力量。绿营是各行省的地方正规军，初无定额，到嘉庆时用兵川、楚、陕，兵力大为增加；以后时增时减，留强汰弱，极盛时总兵力曾达到六十余万。绿营兵遍驻京师和全国各地，以维护地方治安、平息地方武装叛乱、戍守海疆边防、承担护饷防乱等差役为主要任务。清廷对绿营实行"化整为散"的方针，分布全国各汛地，每处驻兵数人或数十人，战时临时调度成军，统兵将领由朝廷简任而非本营之官。这种防止将帅擅兵的指挥体制和战队编成制度，到清后期滋生出败不相救、胜则深妒的恶劣作风。

八旗和绿营在制度上存在很大的差异，如驻屯，八旗以集中为主，务求其合，绿营则分散驻防，务求其分；如装备，最精良的兵器装备八旗，绿营则是较为落后的一般兵器；如俸饷，八旗武官的正俸比同品级的绿营武官高出一至四倍，一个绿营兵丁的月饷还不及一个八旗老弱的救济钱粮。此外，在职官缺额的调配、承担差役等方面，八旗和绿营的待遇迥然不同，体现出十分强烈的民族和时代印记。

八旗、绿营的编制和军事指挥体系，不是以战术原则为依据，而是以便于清廷统驭、管理军队为主要出发点。八旗、绿营各成系统，以旗制绿，以绿制民；两个系统内部也存在权力分割，指挥重叠。八旗分为二十四旗，互不统属；二十四旗又分出独立的旗营，相互交叉，双重指挥。绿营营汛虽有所属，但既要接受提督、总兵的指挥，又要服从总督、巡抚的命令，最后一切军权都集中在皇帝手中。这种大权独揽、小权分散的军事指挥体制，使得部队隶属混乱、指挥相互制约，影响军队战斗力的发挥。

八旗实行世兵制，绿营则为募兵制。清初立国，这样的战争动员制度，不仅能够保证充足的兵源，而且培育了具有长期作战经验的士卒，可以大大提高军队的战斗力。但当政权稳固、大规模的作战基本结束之后，世兵制的缺陷越来越突出。在八旗兵战斗力日趋下降的情况下，绿营曾一度上升为清军作战的主力。由于清廷实行民族歧视政策，绿营待遇过低，即便在营的常备兵，其微薄的俸饷也不能维持家庭生活，不得不兼营他业，以致训练有名无实，军备废弛，军纪败坏，军队也日趋腐朽。

火器技术和作战样式的发展，改变了八旗的战斗编成，产生了火器营、神机营等火器专业部队。乾隆时期，为了加强对大小金川地区的攻碉作战，清廷组建并训练了健锐营这样一支特殊作战部队。健锐营的出现，表明八旗的集兵方式和战斗组织随着武器装备技术的进步和新的作战样式的出现，已由单一形式向多样化发展。在鸦片战争和对太平天国作战中，绿营临时拼凑成军，不是缓不济急，就是一触即溃。因此，清廷不得不进行武装力量体制的改革，使得指挥统一、组织严密、训练有素、装备比较先进的湘军、淮军迅速崛起。

曾国藩、李鸿章等在地方团练的基础上以募兵的方式组建了湘军和淮军，开创了近代中国"兵为将有""将为帅有"的私兵制先例，并逐渐取代了八旗和绿营，成为晚清清军主力。湘军从官兵选募、编制体制、武器配备、薪饷待遇和教育训练等方面，都改弦更张，另立新规。湘军以逐级私选的制度编组成军，编制固定、员额固定，平时成建制训练，战时成建制调遣，并由固定的统领、营官指挥。如果统领、营官易人，其所属营、哨同时解散，由新的统领、营官重新选募编组。这就加强了湘军内部节制，密切了上下级关系，军事指挥顺畅高效，但同时使军队各级之间形成了浓厚的封建私属关系，军队不归兵部掌管，地方督抚也无节制权，进而导致清廷兵权下移。当清廷镇压了太平天国后，立即裁抑了大部湘军。淮军初建时，在官兵招募、营制装备、粮饷待遇、军政训练等方面，均仿湘军；后来，随着武器装备的变化，淮军在编制、训练等方面也发生了相应的变化。如组建了洋枪队、劈山炮队等，并使之逐渐成为能独立完成作战任务的新兵种。此外，扩大了长夫（颇类似于后来的辎重兵、工程兵）的职责范围。淮军在普遍装备洋枪、洋炮的同时，采用西法开展军事训练，聘请洋人教习，进行队列、体操、行军、测绘、战阵和枪炮施放等内容的训练。淮军军制的发展变化，成为晚清军制近代化变革的先导。

同治初年，清廷不断推行军事改革。首先，在直隶用湘、淮营制改造绿营，随后各省皆抽调八旗、绿营兵丁，加强训练，改善经制兵，称为练军。练军制度的实质是绿营制度与勇营制度的结合，即用湘、淮军的相关制度来改造绿营。但各省练军吸收勇营制度的程度各有不同，有的徒有其表，并未能从营制、饷章、装备、训练到治军精神各方面真正借鉴湘、淮军制度的优点。在抗击八国联军侵略的战争中，练军不堪一击，清廷因此陆续将其裁汰，练军小部分被改编为常备军、续备军和巡警。

以湘、淮勇营留防要地，称为防军。防军非国家制兵，分别隶属于各省督抚或统兵大臣，营制饷章大体沿袭湘、淮军旧制。防军虽非经制之兵，但其战斗力远远超过八旗、绿营，是晚清支撑国防的主要武装力量，在中法战争中发挥了很大作用。与此同时，清廷加强了近代海军建设，向欧洲购买铁甲舰、快艇等装备，仿英、德水师制度初步建成北洋海军。北洋海军官制基本沿袭了旧有军制，未能摆脱绿营和湘军、淮军指挥体制的束缚。但从装备、训练和官兵素质等方面说来，北洋海军基本实现了近代化转变。

中国在中日甲午战争中战败后，改革军制、编练新军成为当务之急。袁世凯奉旨督练天津新建陆军，仿德国等陆军编制，制定了新建陆军营制。新建陆军设步兵、炮兵、骑兵、工程兵、辎重兵五个兵种，成为能适应近代战争要求的多兵种合成作战单位。光绪三十年（1905），清廷令全国普练新军，制定并推行统一的营制饷章，并将新军分为常备军、续备军、后备军三等，常备军服现役三年，期满回籍，转为续备军，再三年后列为后备军。续备军、后备军根据需要随时听征。新军实行募兵制，按年龄、身体、体力、来历、品行等条件应征入伍，排长以上军官须由军事学堂出身者担任。至武昌起义前，新军总共编成十四镇、十八混成协、四标和一支禁卫军，标志着清末军队开始向近代军制转变。

于庆祥

2019 年 1 月 3 日

图版目录

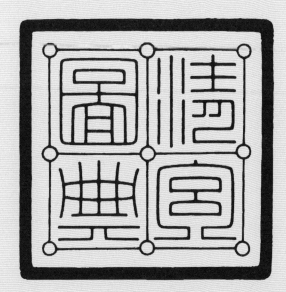

释文：清宫图典

皇权篇

　　清代，皇权的强化到了无以复加的地步，摒弃了古代王朝的皇权毒瘤：外戚专权、太后干政、藩镇割据、宦官擅权……因此可以说皇家事务在很大程度上表现为国家事务，即家国同构，皇帝的个人活动具有王朝属性，皇权事务中心在哪里，王朝运作中心就在哪里。比如清初多尔衮摄政，权力绕过顺治皇帝，那么，多尔衮在哪里，清廷皇权中心就在哪里。即是说，清初迁都北京之际，路途中的顺治帝不是王朝中心，已经驻跸北京的多尔衮则是王朝的中心。同理，康熙帝常驻畅春园，畅春园就成为权力运作中心；雍正帝常驻圆明园，圆明园成为政务中心；故而康雍之际，紫禁城是皇权的象征，不是实际的政务处理机构。

　　依照这一道理，六部三法司是国家机构，九卿则是宫廷事务办理机关，军机处、内务府、九卿、内阁是中央朝廷体现皇权意志的运作机构，它们承接皇帝的旨意办理王朝事务，其活动显然属于宫廷事务，也表现为中央王朝的意志。

　　中央朝廷意志首要体现在专制皇权。皇权是秦始皇创制的一种权力，其权威在上古夏、商、周的"天子"之上，远超于爵位体制之中的"公侯伯子男"，威越三皇，权尚五帝。清代皇权，继承了传统的"君权神授"的学说，"受命于天，既寿永昌"，用长白山神女吞果受孕之说，表达满族政权的神圣，其实质是印证了母系社会经历的发展过程。

　　清朝268年间，皇权经受了树立、维系、分割、崩溃等过程，为表达承接了中原政权的法统，清初皇帝建历代帝王庙、祭祀中华人文始祖和历代明君，南巡时祭奠大禹陵，在京师祭天祭地祭日月。"国之大事，惟祀与戎"，清朝将中华祭祀文化发展到气势磅礴的程度，表达了对中华政权法统的继承。

皇权维系在于皇帝一人。在清朝存续的近 300 年间，尽管短暂出现过王叔摄政、太后垂帘等分割皇权的现象，但整体上皇权得到了基本的维系。清初分封了吴三桂等汉姓王，但通过平定三藩之乱，将满族、蒙古族贵族拉拢为八旗旗帜下的基本依靠力量，皇家独权、姻亲帮衬，维护了皇权的稳定。即便是经历了"太平天国运动"和八国联军入侵后的"东南互保运动"以及清末新政中的"立宪运动"，汉族的相权、士权也与中央皇权延续了基本的平衡，没有在体制内部出现破裂。清末，孙中山领导了以推翻清朝为目标的辛亥革命，经过近二十年的努力，新兴起的民权推翻了皇权。中国历史由此进入共和时期。

一

皇权本绪

（一）受命于天

001

《三仙女浴布勒瑚里泊图》

来源 《满洲实录》，天聪九年（崇祯八年，1635）
收藏单位 故宫博物院

　　满族起源自三仙女孕生始祖布库里雍顺的神话传说：三位仙女沐浴长白山东布库里山麓的布勒瑚里泊，其中的一位仙女佛库伦吞食神鹊衔来的朱果，遂有身孕，生一男孩名爱新觉罗·布库里雍顺。该图表现了这一神话传说。

002

《祭告天地祝文》

年代 明崇祯
收藏单位 中国第一历史档案馆

　　天聪十年（崇祯九年，1636）四月，皇太极接受诸贝勒、大臣上尊号之请，弃汗称帝，改国号为大清，建元崇德，由地方割据政权转向中原政权。图为皇太极率诸王贝勒祭告天地的祝文，文中宣称要替天行道，讨伐明廷。

帝心昭鉴永佑邦家臣不胜惶悚之至谨以奏闻。

崇德元年窃恩泽未布生民未安凉德懷慚
益深乾惕伏惟

祖

父基業征服朝鮮混一蒙古更獲玉璽遠拓邊疆
今內外臣民謬推臣功合稱尊號以副
天心臣以明人尚為敵國尊號不可遽稱固辭弗
獲勉徇羣情踐天子位建國號曰大清改元為

皇穹降佑克典

父基業征服朝鮮混一蒙古更獲玉璽遠拓邊疆

皇天后土之神曰臣以眇躬嗣位以來常思置器
之重時深履薄之虞夜寐夙興兢兢業業十年
於此幸賴

敢昭告於

曰滿洲國皇帝臣

上北向跪讀祝文其文曰維丙子年四月十一
壇上北向跪讀祝文捧祝文至
上自西南升階在東側西向立贊禮官贊就位
壇西南
上東向立導引官復從西側引至
壇前
員引至
上下馬立陳設祭物畢導引官滿洲一員漢人一
上率諸貝勒滿洲蒙古漢官出德盛門至
壇
元年是日黎明

寬溫仁聖皇帝尊號建國號曰大清改元為崇德

天地受

上以受尊號祭告

乙
酉。

003

《顺治帝登极诏书》

年代 顺治元年（1644）
收藏单位 台北"中央研究院"历史语言研究所

　　崇德八年（崇祯十六年1643）八月，皇太极幼子福临被推举继承皇位，改元顺治，并颁布诏书昭告天下。开篇例称"奉天承运"诏文，不在于遵循历代王朝的礼法，树立文书规范；而在于既表达了承接上天的旨意，又表明了顺应传统王朝的法统。图为该诏书篇首部分。

004

"神动天随"章

年代 清嘉庆
收藏单位 故宫博物院

　　皇权既承受于天又不拘束于天。这套闲章看似随性而刻，却蕴含着深邃的内涵：神者，人间之帝王也；皇帝的一动一念，上天亦将顺遂。一字一章的联袂套章，比一颗大章"皇帝之宝"更有节奏感和强调性。

005

天坛圜丘

来源 吴胜利

　　冬至祭天系清帝亲行诸礼中的首要大礼，一方面表达了对上天眷顾的感恩，另一方面也宣示了皇朝获得的上天眷顾是普通民众无法获取的权力。此为京师天坛遗址。

（二）承接法统

006

历代帝王庙旧影

来源　[德] Bernd Melchers：《中国寺庙建筑》，1921 年

历代帝王庙始建于明嘉靖十年（1531），是王朝承续法统的一种体现。清朝为表明自己的华夏统绪，承认之，祭祀之，并继续增祀帝王人数，至乾隆朝时入祀贤君已达一百八十八位。

007

康熙帝御笔"万世师表"

来源　吴胜利

康熙帝首次南巡从江宁府回銮，途径山东曲阜。为阐扬文教，鼓舞儒林，与传统文脉相衔接，乃驻跸曲阜，拜诣先师庙、奎文阁、大成殿、诗礼堂等遗迹；特书"万世师表"四字，悬额殿中，垂示世人，以表达对汉人文化的尊崇。图为曲阜孔庙圣迹殿康熙帝御书"万世师表"。

008

袭封衍圣公印

年代　清乾隆
收藏单位　故宫博物院

　　自宋代仁宗皇帝朝始，孔子后世子孙一直世袭爵位"衍圣公"。清廷承接了这一传统，顺治元年（1644）一入关即册封孔子第六十五代孙孔允植继续袭爵"衍圣公"，以承认传统文脉"文圣"的举动笼络汉族士人之心。图为乾隆十四年（1749）赐孔子第七十一代孙孔昭焕"袭封衍圣公"新制印及印文。

009

《康熙帝南巡图卷·祭拜大禹陵》

年代　清康熙
作者　（清）王翚等
收藏单位　故宫博物院

　　康熙帝在六次南巡中，均尽力祭拜华夏人文先祖，拉近与汉族士绅的感情，化解在征服中造成的民族隔阂与创伤。图为康熙二十八年（1689），康熙帝第二次巡视江南时，祭拜绍兴会稽山大禹陵的场景。

（三）皇权表征

010

皇帝奉天之宝

年代　清

收藏单位　故宫博物院

　　清二十五宝之一。清承历朝皇权统绪之说，以皇帝为上天之子，代表上天治理天下，遂有"天授皇权"法理。"奉天之宝"即宣示了这一传统皇权理念的来源。

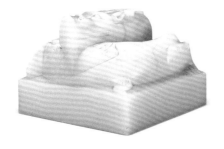

011

大清受命之宝

年代　清

收藏单位　故宫博物院

　　乾隆二十五宝之一，原藏于交泰殿，"以章皇序"。

012

大清嗣天子宝

年代　清

收藏单位　故宫博物院

　　清二十五宝之一，意在"以章继绳"，为中国两千多年封建王朝中仅有的表达皇位承接关系的御玺。

皇帝三宝

年代　清
收藏单位　故宫博物院

　　皇帝行宝、皇帝之宝、皇帝信宝是自秦以来
中国历代王朝尊奉不移的皇权表征，失则必补，
齐全则国家泰和、王朝安稳。

014

天子三宝

年代　清

收藏单位　故宫博物院

　　天子行宝、天子之宝、天子信宝与皇帝三宝
并称六宝，为秦汉以来中国历代王朝奉尊不移。
皇帝三宝意在导入法统、引领域内，天子三宝重
在接通上天、册定域外。

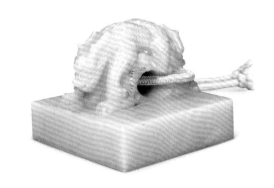 

天聪汗钱

年代　天聪元年（天启七年，1627）
收藏单位　北京古代钱币展览馆

　　铸币不仅仅是控制经济命脉、收拢钱财的问题，铸造发行货币也是新王朝宣誓王命、建朝立制的主要举措。图为皇太极铸造满文天聪汗钱，正面为满文"天聪汗钱"，形制完全仿明朝天启大钱。

016

顺治通宝

年代　清顺治
收藏单位　中国钱币博物馆

　　清入关后仿历代制度，铸造制钱。顺治元年（1644）铸造顺治通宝，并逐渐形成固定的模式，即正面为制钱名称，背面为满文或满汉文局名。顺治通宝一厘钱铸于顺治十年（1653），十七年（1660）停铸，康熙二年（1663）收回销毁。

017

咸丰通宝

年代　清咸丰
收藏单位　新疆钱币博物馆

　　咸丰年间，新疆在铸造制钱的同时，也铸造大钱，包括咸丰重宝、咸丰通宝铜钱和铁钱。此为新疆库车局所铸咸丰通宝当十红钱，背面上下为"当十"，左右为满、老维文（察合台文）"库车"。

018

咸丰重宝

年代　清咸丰
收藏单位　中国钱币博物馆

　　咸丰初年，因镇压太平天国及抵抗列强侵略，军费支出浩繁，财政困难，清廷在制钱外开铸大钱。当四至当五十多称咸丰重宝。当五十以上多称咸丰元宝。此为咸丰重宝宝福局当十钱，计重一两。

019

光绪通宝

年代　清光绪
收藏单位　中国钱币博物馆

　　手工铸造钱币成本高、工艺落后，光绪十五年（1889），两广总督张之洞在广州首次铸造机制钱。江苏、浙江、福建、湖北、吉林、奉天（今辽宁）、云南等地也陆续开始铸造机制钱。此为光绪通宝宝源局机制钱。

（四）地域迁转

020

兴京老城赫图阿拉遗址

来源　[日]内藤虎次郎：《增补满洲写真帖》，小林写真
　　　制版所，20世纪初

建都、迁都是政权扩张、统辖区域变迁的重要
标志。明万历三十一年（1603），努尔哈齐在赫图
阿拉建立都城，内建"汗王大衙门""金銮殿"等建
筑，已经具有割据独立、统御一方的规模气象。

021

东京辽阳

来源　[日]内藤虎次郎：《增补满洲写真帖》，小林写真
　　　制版所，20世纪初

天命六年（天启元年，1621），努尔哈齐迁都
辽阳，施政处所从偏僻的兴京，扩展到辽东；殿
与宫分开布设，脱离了满族寝宫与办事处混为一
体的旧俗，是都城建造上的一大飞跃。

《盛京图》

来源　[日]内藤虎次郎：《增补满洲写真帖》，小林写真
　　　制版所，20世纪初

　　天命十年（天启五年，1625），努尔哈齐再次迁都沈阳，基本上统辖了东北大部分地区。天聪八年（崇祯七年，1634），皇太极改都城名为盛京，取"天眷盛京"之意。从兴京、东京到盛京，都城的变迁也带来了皇权统御范围的不断扩张。

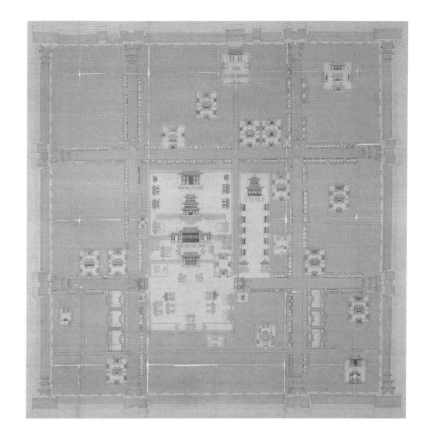

《明北京图》

来源　故宫博物院

　　顺治元年（1644），清迁都北京，皇帝进入紫禁城，紫禁城是全国政权的中心，皇权由此统辖整个中华版图。清朝最终从东北割据政权演变为全国政权。

二

皇权聚散

（一）宗室辅弼

024

礼亲王代善像

年代　清
作者　佚名
收藏单位　弗利尔博物馆

　　皇太极称帝后，厘定宗室爵位九等，分叙诸兄弟子侄军功，册封代善、济尔哈朗、多尔衮、多铎、岳托、豪格等为和硕亲王，阿济格等为多罗郡王，杜度、阿巴泰等为多罗贝勒。顺治六年（1649）定宗室列爵十等，按爵等高低依次为：和硕亲王、多罗郡王、多罗贝勒、固山贝子、镇国公、辅国公、镇国将军、辅国将军、奉国将军及奉恩将军。当时制定了每等爵位的承袭办法，其中亲王嫡子封世子、郡王嫡子封长子。宗室封爵制度逐渐形成，成为皇权的辅弼。图为亲王之首礼亲王代善。

025

豫亲王多铎像

年代　清
作者　佚名
收藏单位　弗利尔博物馆

　　努尔哈齐第十五子，多尔衮同母弟，崇德元年（崇祯九年，1636）封和硕豫亲王。顺治初，统兵入关，败李自成军，授定国大将军。下江南，屠扬州，俘南明福王。顺治四年（1647），晋辅政叔德豫亲王。

026

信亲王多尼像

年代　清
作者　佚名
收藏单位　弗利尔博物馆

豫亲王多铎次子，崇德七年（崇祯十五年，1642）封郡王，顺治六年（1649）袭豫亲王，后改封信亲王。

027

怡亲王允祥像

年代　清
作者　佚名
收藏单位　弗利尔博物馆

康熙第十三子，与雍正帝私交极厚，封和硕怡亲王，总理户部事务，兼任议政、军机大臣等重任。其王爵世袭罔替。

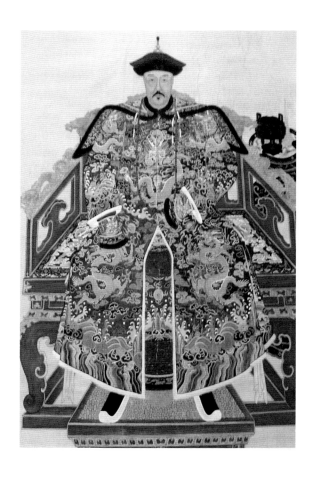

028

果亲王允礼像

年代　清

作者　［意］郎世宁

收藏单位　故宫博物院

　　康熙帝第十七子，雍正初封果亲王，管理工部与户部三库事务，任宗人府宗令。雍正十二年（1734），曾护送达赖喇嘛回藏。乾隆帝继位后为顾命大臣，总理事务。

029

旻宁被封为和硕智亲王时所授金印

年代　清嘉庆

收藏单位　南京博物院

　　凡册封亲王及其世子，册宝皆金制，金龟纽，宝盝雕以蟠螭。图为嘉庆十八年（1813）皇次子旻宁被封为和硕智亲王时所授金印。

怡亲王载敦像

年代　清光绪

作者　佚名

收藏单位　沙可乐美术馆

乾隆朝时完善军功封爵制度，对开国之初立有大勋功的宗室及其后人予以尊崇，铁帽子王位世袭罔替。因允祥公忠体国、懋著勋劳，特赐怡亲王爵位世袭罔替，开有清一代恩封爵位世袭之先河。图为光绪朝怡亲王载敦画像。

醇亲王奕𫍯像

年代　清光绪

收藏单位　故宫博物院

奕𫍯系道光帝第七子，光绪帝生父。辛酉政变后，授御前大臣、领侍卫内大臣，管理神机营。同治十一年（1872）封醇亲王。光绪帝载湉入承大统为嗣皇帝后，特赐食亲王双俸、王位世袭。

庆亲王奕劻像

年代　清光绪

收藏单位　故宫博物院

光绪十年（1884），恭亲王奕䜣被罢职后，奕劻任总理衙门大臣。光绪二十七年（1901）任外务部总理大臣、督办政务大臣，荣禄死后接掌军机处。庚子之变时，奉命全权与各国代表议和，签订《辛丑条约》。宣统三年（1911）任皇族内阁总理大臣。

（二）姻亲帮衬

033

策凌像

年代　清

作者　佚名

收藏单位　史密斯基金会

　　清朝属少数民族政权，对满蒙联姻素有依赖，互为支撑。图为蒙古喀尔喀亲王策凌，康熙四十五年（1706）娶康熙帝第十女，获封和硕额驸，雍正十年（1732）以军功晋封亲王。

034

明亮像

年代　清

作者　佚名

收藏单位　科隆东亚艺术博物馆

　　明亮（1736—1822），富察氏，满洲镶黄旗人。乾隆年间，尚履亲王允祹女，为多罗额驸。历官四川提督、伊犁将军、黑龙江将军、刑部尚书等。曾参与征缅甸、平定金川及西北回乱。嘉庆年间，授武英殿大学士。

035

福康安像

年代　清后期

作者　（清）叶衍兰

收藏单位　中国国家博物馆

　　福康安（1754—1796），富察氏，字瑶林，号敬斋，隶满洲镶黄旗，乾隆帝皇后富察氏之侄。历官云贵、四川、陕甘、两广总督，参与平定金川之役。乾隆五十六年（1791）率兵进藏，抗廓尔喀入侵，晋武英殿大学士兼军机大臣。

036

荣安固伦公主银镀金册

年代　清同治
收藏单位　故宫博物院

　　皇太极改元崇德后，定皇帝之女爵名为公主，凡中宫出者封固伦公主，由妃嫔出者及皇后养女封和硕公主。图为荣安固伦公主银镀金册，并附"天下太平"银镀金别子一枚。荣安固伦公主系咸丰帝之女，也是清代最后一位皇女。

037

荣寿固伦公主像

年代　清
收藏单位　故宫博物院

　　清制，宗室王公之女俗称格格，分为五等，亲王之女称和硕格格（郡主），郡王之女称多罗格格（县主），贝子之女称固山格格（县君），镇国公、辅国公之女称格格（乡君）等。图为荣寿固伦公主。她本系恭亲王奕䜣之女，被慈禧太后抚养在宫中，本称格格却在七岁时破格封为固伦公主，属清制中少有的特例。

（三）重臣支撑

038

年羹尧朝服像

年代　清雍正
作者　佚名
收藏单位　弗利尔博物馆

　　年羹尧（1679—1726），雍正初期的重要大臣，参与雍正初年朝政的处理，并外放川陕总督，后任抚远大将军，平定罗卜藏丹津叛乱。

039

鄂尔泰像

来源　《吴郡名贤图传赞》，道光九年（1829）

　　鄂尔泰（1680—1745），西林觉罗氏，隶满洲镶蓝旗，康熙朝举人。其政绩主要是在云南、四川、贵州、广西、湖广等地推行改土归流，废除土司制度，建立和内地同样的行政管理体制。

040

阿桂像

年代　清光绪
作者　（清）沈贞
收藏单位　故宫博物院

　　阿桂（1717—1797），隶满洲正白旗。乾隆朝举人，历任伊犁将军、兵部尚书、吏部尚书、云贵总督、武英殿大学士、军机大臣，深为乾隆帝倚重。曾参与平定准噶尔、大小和卓叛乱、西北回民起事，征讨缅甸；多次视察黄河河工，整治江浙海塘，颇有政声。图为光绪朝摹绘本。

岳钟琪像

年代　清乾隆
作者　佚名
收藏单位　故宫博物院

　　乾隆十二年（1747），岳钟琪随大学士讷亲征讨大小金川叛乱，后随大学士傅恒攻克莎罗奔老巢勒乌围，平定叛乱，是善于治理边疆的重臣。

兆惠像

年代　清光绪
作者　（清）沈贞
收藏单位　故宫博物院

　　兆惠（1709—1764），隶满洲正蓝旗。因征伐阿睦尔撒纳有功而加封一等伯，补授户部尚书，兼管镶白旗汉军都统，授为领侍卫内大臣，是内朝与外疆均善于治理的大臣。图为光绪朝摹绘本。

阿里衮像

年代　清乾隆
作者　（清）金廷标
收藏单位　柏林国立博物馆

　　阿里衮（？—1769），隶满洲正白旗，任二等侍卫、总管内务府大臣等职，曾参与平定回部大小和卓的战争。

（四）皇权分割

044

多尔衮像

年代　清初
作者　佚名
收藏单位　弗利尔博物馆

　　皇太极病逝后，诸王贝勒间爆发了皇位继承之争。努尔哈齐第十四子多尔衮以拥立福临登极有功，被尊为摄政王。崇德元年（崇祯九年，1636）受封"和硕睿亲王"，顺治元年（1644）封"叔父摄政王"，后又被尊奉为"皇叔父摄政王""皇父摄政王"，权倾朝野。其摄政期间分割了皇权。

045

摄政王令旨

年代　顺治元年（1644）
收藏单位　台北"中央研究院"历史语言研究所

　　皇帝诏谕称圣旨，亲王告示称令旨。因顺治帝年幼权虚，济尔哈朗懦弱无为，多尔衮由叔父摄政王晋封为皇父摄政王，甚至掌控皇帝印玺。图为多尔衮以摄政王身份发布的令旨，它体现出皇权的被分割。

046

《加封济尔哈朗辅政册文》

年代　顺治元年（1644）
收藏单位　中国第一历史档案馆

　　掌握镶蓝旗的郑亲王济尔哈朗在皇位之争中
起初提议立豪格为君；福临即位后，优待宗室贵
族，加封济尔哈朗为信义辅政叔王。王权的被迫
追加也是对皇权的分割。图为加封济尔哈朗为信
义辅政叔王的册文。

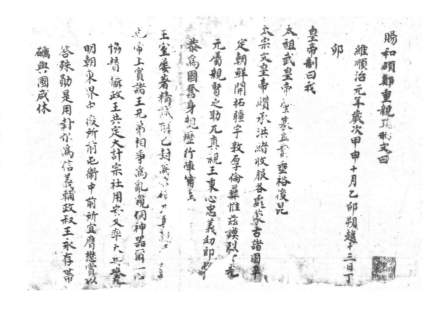

047

孝庄文皇后朝服像

年代　清康熙
作者　佚名
收藏单位　故宫博物院

　　孝庄文皇后（1613—1688），博尔济吉特氏，
漠南蒙古科尔沁部人。虽然在儿子福临争夺皇位
的过程中，她周旋于摄政王多尔衮与诸王大臣
间，为保全皇位卓有功劳，但从太后摄政的角度
看，毕竟对皇权构成了分割。

顺治帝朝服像

年代　清初
作者　佚名
收藏单位　故宫博物院

　　顺治帝本名爱新觉罗·福临，皇太极第九子，六岁即位，定年号"顺治"。即位之初，朝政委托睿亲王多尔衮主持，渐成尾大不掉之势。幸赖其母孝庄文皇后折冲周旋，多尔衮死后，顺治帝得在十四岁时亲政，正式执掌朝政。

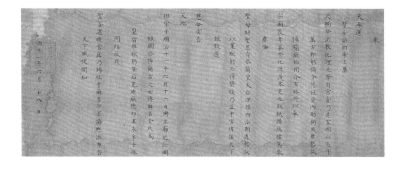

《顺治帝亲政诏书》

年代　清初
收藏单位　中国第一历史档案馆

　　顺治帝本名爱新觉罗·福临，皇太极第九子，六岁即位，定年号"顺治"。即位之初，朝政委托睿亲王多尔衮主持，渐成尾大不掉之势。幸赖其母孝庄文皇后折冲周旋，多尔衮死后，顺治帝得在十四岁时亲政，正式执掌朝政。

050

索尼像

来源　上海图书馆徐家汇藏书楼

　　顺治帝去世之际，遗命索尼、苏克萨哈、遏必隆、鳌拜为辅政大臣，辅佐幼主康熙处理朝政。索尼乃四朝元老，位居四大辅臣之首，总掌启奏批红大权，惟年老多疾，力有不逮。图为外国人手绘其朝服像。

051

鳌拜像

年代　清初
作者　佚名
收藏单位　弗利尔博物馆

　　鳌拜（？—1669），瓜尔佳氏，隶满洲镶黄旗。崇德年间，从皇太极征讨各地，因功封爵。皇太极死后，拥立福临继位为顺治帝，任议政大臣。康熙帝即位后，与索尼等四大臣共同辅政，权倾一时，对皇权构成威胁。康熙帝亲政后，被逮禁锢而死。

052

清太上皇帝训政之印玺及玺文

年代　清嘉庆

收藏单位　故宫博物院

　　嘉庆元年（1796）正月初一日，乾隆帝在皇极殿将皇位禅让给皇太子，改元嘉庆，自己称太上皇帝。禅位诏书上先钤"太上皇帝之宝"，再钤"皇帝之宝"。太上皇依然训政，直至生命终结，宫内仍称乾隆年号，故称"归政仍训政"。图为乾隆帝所用"太上皇帝之宝"及"归政仍训政"之宝。造成太上皇帝对皇权的极大干扰。

053

载垣像

年代　光绪三十一年（1905）

作者　佚名

收藏单位　沙可乐美术馆

　　咸丰帝临终遗诏，命载垣、端华、景寿、肃顺、穆荫、匡源、杜翰、焦祐瀛为"顾命"八大臣，赞襄政务。他们后被同治帝生母慈禧太后与恭亲王奕䜣联合发动的辛酉政变或处死或流放，顾命大臣辅政体制被推翻。顾命大臣体制是对皇权的分割。图为顾命大臣之一怡亲王载垣（1816—1861）朝服像。

垂帘听政用玺及玺文

年代　清咸丰、清同治
收藏单位　故宫博物院

　　咸丰帝临终前将两枚闲章"御赏"和"同道堂"分别赐给皇后钮祜禄氏和皇太子载淳，并规定此后凡下发谕旨必须首尾钤用此二章方能生效。载淳年幼，其生母叶赫那拉氏收掌"同道堂"玺，并代子钤印，从而取得干预朝政的权力。垂帘听政类似历史上的太后临朝，是对皇权的分割。图为"御赏""同道堂"玺、玺匣及玺文。

《垂帘听政入朝章》

来源　清光绪《大清会典事例·礼部》

　　为使垂帘之举更具合法性，咸丰十一年（1861）九月，礼亲王世铎等呈进拟定《垂帘听政章程》十一条，后编入光绪《大清会典事例》。图为《大清会典事例》中的条目内容，应是同治十三年（1874）十二月改订后袭用的章程。

056

慈安皇太后像

年代　清

作者　佚名

收藏单位　故宫博物院

　　慈安皇太后（1837—1881），钮祜禄氏，镶黄旗满洲人，十六岁被咸丰帝封为皇后；随着咸丰帝去世，同治帝即位后，她被尊为皇太后，与慈禧皇太后共同垂帘听政。太后垂帘听政不管是否是为了维护皇权，事实上都是对皇权的僭越。

057

慈禧皇太后像

年代　清

作者　[美]凯瑟琳·卡尔

收藏单位　故宫博物院

　　慈禧皇太后（1835—1908），叶赫那拉氏，咸丰帝封其懿贵妃。咸丰帝死后发动宫廷政变执掌朝政，先后在同治初年、光绪初年、戊戌政变后三度垂帘听政，完全逾越皇权之上。图为美国女画师卡尔（柯姑娘）所绘慈禧皇太后油画像。

058

养心殿垂帘听政处

来源　故宫博物院

　　两宫皇太后垂帘听政的地方在养心殿东暖阁。皇帝坐前御座，两宫皇太后同坐后御塌，前以黄屏或黄缦与暖阁正厅相隔。垂帘听政是有清以来对清代皇权最赤裸的渗透、蚕食和分割。图为养心殿东暖阁垂帘内布局。

059

监国摄政王载沣像

年代　清光绪
收藏单位　故宫博物院

　　宣统帝溥仪三岁登极，其父载沣为监国摄政王，代幼主行使皇权。辛亥革命爆发后，载沣向隆裕皇太后上缴监国摄政王宝，宣告摄政结束。摄政是一种对皇权的蚕食。图为载沣旧照。

060

"监国摄政王宝"及宝文

年代　清宣统
收藏单位　故宫博物院

　　宣统初年，摄政王载沣代皇帝主持国政，实施监国。凡发布谕旨，皆钤监国摄政王宝，并由军机大臣署名方能遵奉施行。图为"监国摄政王宝"及满汉文字宝文印拓。"监国摄政王宝"是溥仪的皇权被父亲载沣分割的实证。

三

皇位传承

（一）旗主推举

061

皇太极朝服像

年代　清乾隆
作者　佚名
收藏单位　故宫博物院

　　天命十一年（天启六年，1626）九月初一，努尔哈齐死后，其第八子皇太极被诸贝勒推举为汗，尊称"天聪汗"，次年改元天聪。图为乾隆朝重绘皇太极朝服像。

062

崇政殿

来源　吴胜利

　　清初，汗位继承不实行大宗嫡长子继承制，而是由八旗旗主推举。崇德八年（崇祯十六年，1643），皇太极死后，两白旗旗主多尔衮联合同母兄弟阿济格、多铎，与两黄旗的豪格两方势力激烈争夺皇位。八月十四日，八旗诸王公大臣在盛京崇政殿商议皇帝册立时，索尼、鳌拜等两黄旗大臣武装包围宫殿，迫使多尔衮放弃争夺汗位，改议迎皇太极第九子福临即位。这是汗位推举制做法的延续。

（二）皇帝钦定

063

胤礽像

年代　清雍正
作者　佚名
收藏单位　故宫博物院

　　康熙十四年（1675），康熙帝依前朝公开册立嫡子为皇储的制度，立嫡子胤礽为皇太子。康熙后期，胤礽两度被废，皆据康熙帝一人主见。这表明皇帝之位从诸旗推举走向皇帝一人钦命，皇权乾纲独断。图为皇太子胤礽画像。

064

胤礽的太子府、皇太子宝及宝文

年代　清康熙
收藏单位　故宫博物院

　　太子胤礽被册立后，可以开府理事，随同皇帝或者代表皇帝参与例行类的政事，锤炼理政能力。图为太子学习参政之地毓庆宫及胤礽为皇太子时所颁皇太子宝、宝文。

065

胤禛像

年代　清康熙

作者　佚名

收藏单位　故宫博物院

　　康熙朝中晚期，诸皇子争立皇位的乱局不断，致康熙帝寝食难安。康熙四十八年（1709），康熙帝再度册立胤礽为皇太子，同时册封诸子为亲王、郡王、贝子，皇四子胤禛（1678—1735）被册封为雍亲王。获封雍亲王是胤禛得继大统，登上皇位的起点。这一起点皆赖康熙帝一人的皇权意志，是皇位继承由先皇钦定的典例。图为胤禛在雍亲王时期的常服坐像。

066

《康熙帝遗诏》

年代　清康熙

收藏单位　中国第一历史档案馆

　　康熙六十一年（1722）十一月十三日，康熙帝在畅春园去世，遗诏立皇四子胤禛即位，是为雍正帝。十六日，雍正帝宣读康熙帝遗诏，颁行天下。此为遗诏原件，从行文格式上否定了雍正帝篡改遗诏即位的可能性。

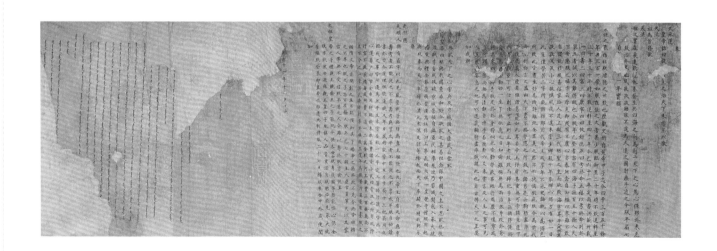

（三）先皇禅位

067

《永琰芳庭诗思图》

年代　乾隆五十七年（1792）
作者　（清）华冠
收藏单位　故宫博物院

乾隆三十八年（1773），皇十五子永琰被密定为嗣位皇子。乾隆六十年（1795），乾隆皇帝公开宣布立永琰为皇太子，以明年为嘉庆元年（1796）。此图绘于永琰即位前夕。

068

嘉庆帝朝服像

年代　清
作者　佚名
收藏单位　故宫博物院

乾隆帝在位满六十年时，为表达对祖父康熙帝的崇敬，主动提出禅位给儿子。但儿子嘉庆帝继位后，乾隆帝仍然以太上皇身份训政了三年，留下清史上仅有的先皇禅位、太上皇训政之孤例。图为壮年嘉庆帝的朝服像。

（四）秘密建储

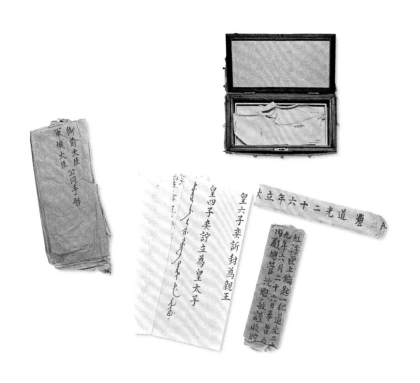

069

《道光帝遗诏》

年代　清道光
收藏单位　中国第一历史档案馆

　　钦命继承人在康熙朝、乾隆朝是皇帝在世时早早公开指定的。为了避免皇子们争夺皇位的残酷斗争，雍正帝废除生前公开册立皇太子的制度，建立秘密立储制。由皇帝亲写立储谕旨一式两份，分别保存在身边和乾清宫"正大光明"匾额后的密封匣中，待其去世后，由御前大臣、军机大臣将封匣中的谕旨共同开启，与宫中谕旨认合方能生效，此匣亦称为秘密立储匣。有清一代，雍正帝、乾隆帝、道光帝、咸丰帝四位皇帝均通过秘密建储制度得以继承大统。图为道光帝的秘密立储遗诏，诏立皇四子奕詝继承皇位。

070

"正大光明"匾

来源　吴胜利

　　皇宫中乾清宫皇帝宝座后高悬"正大光明"匾，乃顺治帝亲书。自雍正朝起，该匾后方为历朝秘密立储匣置放之处，维系着皇位继承制度中体现的专制皇权。

（五）懿旨指定

大阿哥溥儁像

年代　清光绪
收藏单位　故宫博物院

　　光绪二十五年（1899）十二月，面对义和团运动兴起和八国联军叩门，慈禧太后以光绪帝名义宣布设立储君，立端亲王载漪之子溥儁为大阿哥，相当于准太子身份，两年后被撤。

溥仪幼年像

年代　清宣统
收藏单位　故宫博物院

　　清朝末代皇帝溥仪是通过太皇太后发布懿旨继位的。溥仪为醇亲王载沣长子，光绪三十四年（1908）依慈禧太后懿旨即位，次年改年号"宣统"。宣统三年（1911），辛亥革命爆发，十二月二十五日奉隆裕皇太后旨颁布退位招书，宣告退位。清亡。

朝政篇

朝政制度当然是宫廷制度的一部分，属于中央朝廷决策实施层面。

按照清朝朝制分层，大致分为大朝、常朝两方面。大朝主要是大型仪典类的事务，具有中央王朝层面的意义，展示的是王朝的立国根本。登极仪式是大朝中最重要的制度，其举办目的、仪式规定体现着王朝信仰和信仰崇拜，以及王朝等级制度。常朝是维系王朝日常事务运转，除了六部、督察及司法机构以外，维系王朝运转的是宫廷内设的内务府及九卿机构，保证宫廷运转需求，维系皇宫与宫外的顺畅衔接，带动公文上传下达的政令通畅。

清初中央朝廷机构的设置主要有内三院，后来设内阁和六部九卿及台谏，基本上属于中枢机构，另外还有诸多宫廷办事机构，如翰林院、通政司、国子监、宗人府、詹事府、太常寺、太仆寺、鸿胪寺、太医院等辅助办理宫廷事务，以保证皇帝周边事务的顺畅通达。

就皇宫事务参与者而言，有三例人员：一是决策人员，皇帝、议政大臣、军机大臣、内阁大学士是主要朝廷事务的决策者；二是部院大臣、军机章京、内阁臣僚、地方督抚以及特殊事务专办（各类督办大臣、协办、会办、帮办）等执行人员，还有一些特例人员因进入皇宫，与皇帝、太后等宫廷权力人员比较接近而对政务产生影响。比如顺治时期进入皇宫与顺治帝交游深厚的和尚通琇、行森，对顺治帝的信仰产生了很大的影响，直接影响了清顺治朝政的运转。终康熙一朝，孝庄文皇太后的宠婢苏麻喇姑深度参与皇宫事务，间接获得了极大的政务参与权。晚清大太监李莲英凭借慈禧太后的喜好，获得了近身皇太后的机会，也成为皇宫事务的深度参与者。还有外在江南的三织造成为皇帝派驻在江南地区的宠臣，成为皇帝了解江南地区社会生活及民情走向的派出机构，与地方督抚相比，具有特殊的政务通达渠道。

皇宫事务的决策实施，与国家制度的满汉并重一样，同样并设满汉官吏双体制，某种程度上满员重于汉员。历来通行的八旗制度有满洲八旗、蒙古八旗、汉军八旗三支，但显然蒙古八旗重于汉军八旗，满洲八旗重于蒙古八旗，各朝"会典""律例"都作了制度化的规定。

高级官员的考察选拔都有皇宫事务处理机构协助皇帝完成，其奖励、封赏也有固定机构辅助完成。清代官吏选拔例由吏部主持，经皇帝乾纲独断后决策实行。皇宫机构太常寺、鸿胪寺赞襄佐理完成考核、奖励。仪式性的活动，如果没有皇宫机构的赞襄佐理，具体细节的考量容易出现纰漏。毕竟，吏部等国家官吏管理机构对皇宫环境不及皇宫机构那样熟悉。

一

议政制度

（一）大朝

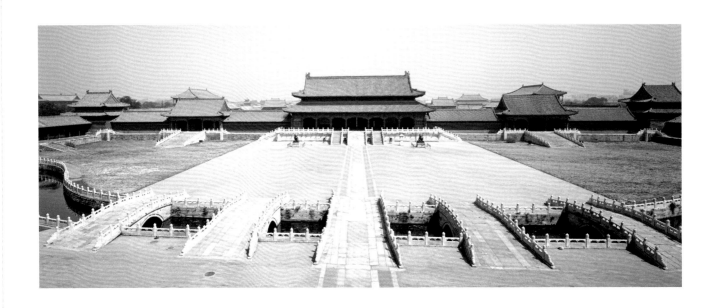

073

太和门广场

来源 故宫博物院

　　登极大典是皇帝开始行使统治权力的重要标志。顺治元年（1644）十月初一日，顺治帝在皇极门（后称太和门）举行定鼎登极典礼时，全体人员在此候场。

074

大朝场所太和殿

来源 故宫博物院

　　大朝于每年元旦、冬至、万寿三大节时举行。届时太和殿外陈设法驾卤簿、中和韶乐和丹陛大乐，皇帝御殿升座，接受王公百官及外国使臣朝贺。图为太和殿全景。

075

太和殿宝座

来源　故宫博物院

　　太和殿是清帝举行登极大典的场所。届时殿外设法驾卤簿、中和韶乐，新皇帝御太和殿升宝座，即皇帝位，接受群臣跪拜，标志着行使权力，君临天下。

076

大朝阵势

来源　[日]冈田玉山等绘：《大朝会之图》《唐土名胜图会》，文化三年（嘉庆十一年，1802）

　　该图描绘了朝会时太和殿外百官各就拜位跪拜的场面，展示了法驾卤簿、品级山、嘉量、日晷等典制陈设。

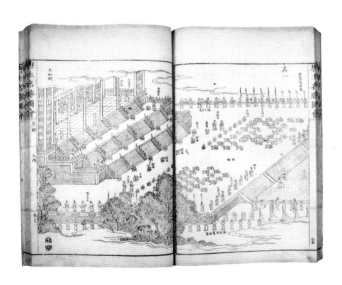

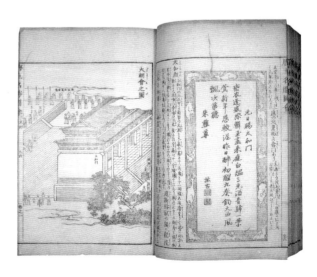

品级山

年代 清中期
收藏单位 故宫博物院

　　大朝时百官在太和殿前御路两侧按品级站立，文东武西。品级山系铜铸，高约 30 厘米，中空，呈山状，上刻满汉文合璧品级字样。

078

午门朝参

来源 ［日］冈田玉山等绘：《大朝会之图》《唐土名胜图会》，文化三年（嘉庆十一年，1802）

　　大朝时，除在太和殿前、丹陛、丹墀、太和门外陈设卤簿外，午门外由北向南依次陈设五辂、宝象及铙歌鼓吹等卤簿，烘托隆重宏大的气氛。

（二）常朝

 079

大政殿

来源　沈阳故宫博物院

　　努尔哈齐为汗时，满族社会尚处于向封建制转化的过程中，汗王权力不彰，诸王、重臣往往深度参与议政。

　　议政王大臣会议是清前期重要的中枢议政机构，由议政王与议政大臣组成，顺康之际权势最盛，凡军政要务，可不经内阁票拟而直接议决及付诸实行。乾隆五十九年（1794）时裁撤。图为盛京皇宫（今沈阳故宫）大政殿外景照，即清廷入关前议政王大臣会议议政的专门场所。

080

十王亭

来源　沈阳故宫博物院

　　清之政权发端于满洲八旗制度，尤其是在关外称汗时期，八旗旗主可分享大汗的权力，皇宫内特增设王亭为其办公场所。图为大政殿前甬道两侧的十王亭，满足八旗旗主在皇宫内办公的要求。

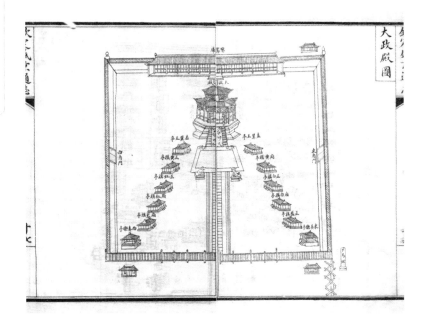

081

十王亭布局

来源 （清）阿桂等：《钦定盛京通志》，乾隆四十三年
（1778）

大政殿及十王亭，是清廷入关前施行议政王
大臣会议制度在皇宫建筑上的生动体现。

082

《康熙帝亲政诏书》

年代　康熙六年（1667）
收藏单位　中国第一历史档案馆

康熙六年（1667）七月初七，辅政大臣索尼
等人奏请康熙帝亲政。经孝庄文太皇太后允许，
康熙帝御太和殿，颁诏亲政。但此时，鳌拜集团权
势方炽，甚至在家中决定军国大事。皇帝亲政遇到
阻碍。

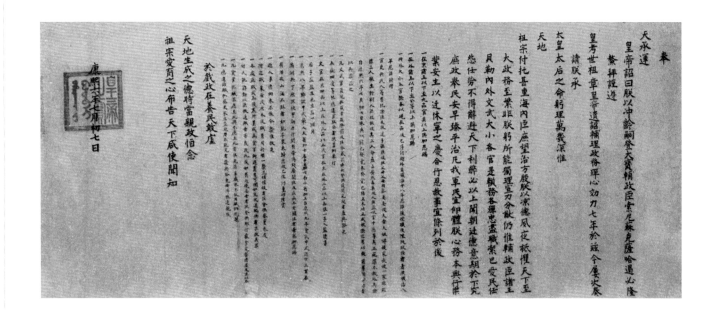

紫禁城中左门

来源　故宫博物院

　　入关后，议政王大臣会议的议政地点设在紫禁城中左门。议政王大臣会议作出的决议称为国议，权逾部议。图为紫禁城中左门大门及内景。

军机处值房外景、内景

来源　故宫博物院

　　雍正早年，为处理西北军务、保护军事机密的需要，清廷于紫禁城隆宗门内设立军机房，以怡亲王允祥，大学士张廷玉、蒋廷锡领其事。至十年（1732）改称军机处，全称"办理军机事务处"，并铸造关防印信，机构渐趋完善；后逐渐发展为凌驾于内阁之上的政务决策机构，凡属朝廷大事急务，均由军机处按皇帝的意见直接处理，成为朝廷最重要的决策机构。军机处是清廷中央集权高度发展的产物。图为紫禁城内军机处值房外景、内景。"喜报红旌"匾为咸丰帝手书。

085

乾清门御门听政处

来源　故宫博物院

御门听政是皇帝日常处理王朝政务的主要形式。康熙朝将听政处设在内廷正门乾清门，遂成定制。图为乾清门御门听政处。

086

松花江石暖砚及银烧蓝砚盒

年代　清康熙、清乾隆
收藏单位　故宫博物院

御门听政的时间安排得很早，春夏季于辰初，秋冬季于辰正。遇严冬季节，听政时文房用品需用暖砚。图中分别是康熙朝的松花江石暖砚和乾隆朝的银烧蓝暖砚。天寒地冻时节，将炭木放入底座或抽屉中，防止墨汁冻结。

《御门听政诗》

年代　道光元年（1821）
作者　（清）旻宁
收藏单位　故宫博物院

　　道光元年（1821）冬月，道光帝御门听政，并作《御门听政诗》，表示要做到"政贵有恒"，君臣"同德同心"，使御门听政这一勤政举措代代相传。众大臣和诗于道光帝御制诗后。

 088

乾清宫

来源 故宫博物院

乾清宫位于紫禁城后三宫最南端，乾喻阳，寓意为天，是清顺治帝、康熙帝日常处理朝政的理政之所。

089

养心殿院落

来源 故宫博物院

养心殿位于内廷西路、乾清宫西侧，建筑布局呈"工"字，前庭后寝，办公与休憩兼备。雍正帝及其之后的皇帝经常在此处理日常朝政。

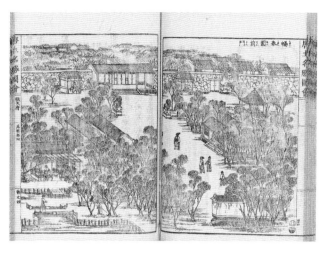

090

《畅春园图》

来源 [日]冈田玉山：《唐土名胜图会》，文化三年（嘉庆十一年，1802）

康熙帝长期驻跸畅春园处理朝政，并最终逝世于畅春园。康熙逝世时传出立皇四子雍亲王胤禛继承皇位的遗诏。雍正帝继位后喜爱在圆明园处理朝政，畅春园由此衰败。

091

《御制圆明园图咏·正大光明》

来源 《御制圆明园图咏》，乾隆十年（1745）

"正大光明"殿系圆明园外朝的正殿，是雍正帝临朝之处。南边设有军机处值房以及内阁、六部值房。

圆明园原为康熙帝皇四子胤禛的花园，康熙四十八年（1709）时赐匾命名为圆明园。雍正帝即位后，一改康熙帝在畅春园理政的习惯，平日多驻跸圆明园，常年在此办理朝政，使其成为雍正时期的朝政中心。

092

避暑山庄烟波致爽殿

来源 避暑山庄博物馆

避暑山庄是清朝的离宫，来自关外的满族不习惯京师的酷热。清帝往往在夏天驻跸避暑山庄，办理日常朝务。1860年，英法联军入侵京师，咸丰帝逃到避暑山庄避祸，执意不回京师，最终在此病逝。

二

理政机构

（一）中枢机构

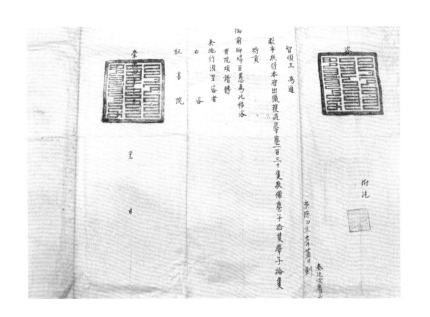

093

《尚可喜致秘书院咨文》

年代　崇德四年（崇祯十二年，1639）
收藏单位　北京大学

　　天聪三年（崇祯二年，1629），后金设立具有内阁雏形的文馆。崇德元年（崇祯九年，1636），在文馆的基础上，设立内三院（即内国史院、内弘文院、内秘书院），协助皇帝处理政务。其中，内秘书院负责掌管和起草与外国往来书札文书、皇帝敕谕、各衙门奏疏、祭文等。这件崇德四年（崇祯十二年，1639）十二月智顺王尚可喜致秘书院的咨文，顺带表露了秘书院的职能。

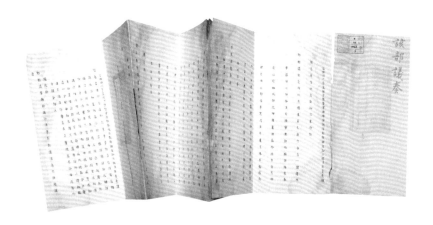

094

《兵部致函内阁题本》

年代　顺治二年（1645）
收藏单位　中国第一历史档案馆

　　清代内阁之制源于关外时期的文馆和内三院（又称内院）。清入关后，内院开始承担部分题奏本章的转呈事务。内阁成为朝廷处理日常事务的机构。图为顺治二年（1645）兵部致函内阁题本。

《盛京六部衙门分布图》

年代　清康熙
收藏单位　中国第一历史档案馆

　　天聪五年（崇祯四年，1631）七月，皇太极沿袭明制在盛京设立六部，作为办理日常政务的机构。清入关定都京师后，仿效明朝设应天府陪都制度，以盛京为陪都，仍在盛京保留一整套六部机构。图中《盛京城阙图》所示，六部衙门位于皇宫大清门之南，分置御道东西两侧，目南向北东侧依次为吏、户、礼三部，西侧依次为工、刑、兵三部。

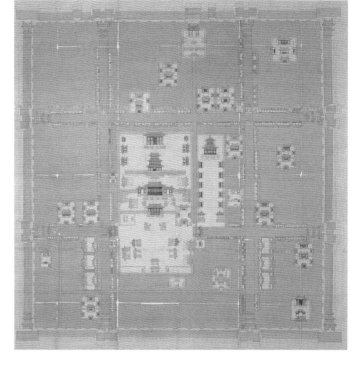

《吏部衙署布局图》

来源　[日]冈田玉山等绘：《唐土名胜图会》，文化三年
　　　（嘉庆十一年，1802）

　　吏部班列六部之首，掌全国文官之品秩、铨叙、课考、黜陟和封授，下设文选、考功、稽勋、验封四司等办事机构。图中清晰标示出了京师吏部衙署中各司方位及建筑布局。

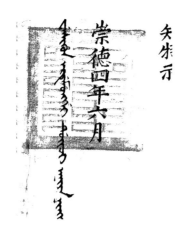

户部印文

年代　崇德四年（崇祯十二年，1639）
收藏单位　故宫博物院

　　清代户部设于天聪五年（崇祯四年，1631），掌管全国疆土、田地、户籍、赋税、俸饷、财政等事宜。按省下设十四清吏司分管所属省区钱粮及兼管专项事务。光绪三十二年（1906）官制改革，改为度支部。图为崇德四年（崇祯十二年，1639）户部之印的印拓。

《钦定礼部则例》

年代　道光二十四年（1844）
作者　（清）特登额等
收藏单位　中国国家图书馆

　　礼部主管朝廷典礼、仪式等事务，下设仪制、祠祭、主客、精膳四司，另有铸印局、会同四译馆等机构。图为道光朝《钦定礼部则例》。

《兵部筵宴图》

来源　《点石斋画报大全·兵部筵宴》，上海点石斋画报馆，光绪间印本

　　兵部掌全国军事及武官的除授、封荫、考绩、军资、马政、邮驿，以及军籍、军器、武科举诸事宜，有武选、职方、车驾、武库四司及会同馆、捷报处等内设机构。图中所绘为兵部主持武会试后，宴谢正副诸考官的情景。

100

刑部文档

年代　崇德三年（崇祯十一年，1638）
收藏单位　中国第一历史档案馆

　　刑部掌天下刑罚之政令，与大理寺、都察院合称三法司，共同负责全国各衙门狱案判决的审核，下设十七省区清吏司，掌所属省区刑名案件并兼管专项事务。图为崇德三年（崇祯十一年，1638）刑部办理案件的满文文档记录。

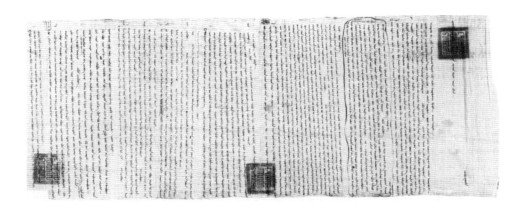

101

福长安像

年代　清乾隆
作者　佚名
来源　《平定台湾二十功臣像赞》

　　工部总掌全国造作、工程之政令及其经费，举凡土木兴建、器物制造、渠堰水利等工程，俱由工部管理，有营缮、虞衡、都水、屯田四清吏司及制造库、节慎库、料估所等内设机构。图为议政大臣署理工部尚书福长安像。

（二）佐理机构

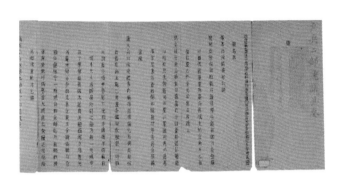

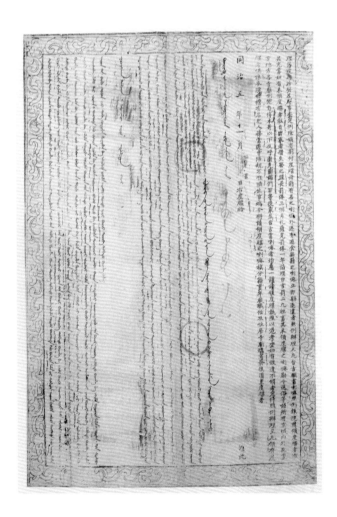

102

《都察院收文》

年代　顺治九年（1652）
收藏单位　旅顺博物馆

　　崇德元年（崇祯九年，1636）六月，皇太极仿照明朝制度，在三院六部之外另置都察院，班列六部之上。都察院职掌监察诸王贝勒大臣，整肃朝纲，向皇帝谏诤，负责参加议奏、会审案件、稽查衙门、监察考试等政务。因参与处理刑狱，故与刑部、大理寺合称"三法司"。

103

《理藩院发文》

年代　同治五年（1866）
收藏单位　内蒙古档案馆

　　理藩院为清代独有的专管边疆民族事务之中央机构，初名"蒙古衙门"，设于崇德元年（崇祯九年，1636）。其最高职官为理藩院尚书，由满洲人担任，入议政之列。图为同治五年（1866）理藩院发给乌兰察布盟乌拉特旗札萨克伊希吉格木德关于喇嘛僧侣领取度牒的文书。

顾莼像

来源 《五百名贤像赞》，清道光

　　通政司执掌朝廷章奏的收受、敷对、封驳事务，沟通内朝与外朝，朝廷与官吏、民人意见。图为嘉庆朝通政司副使顾莼。

国子监辟雍及陈祖范像

来源 《吴郡名贤图传赞》，道光九年（1829）

　　国子监具有国家最高学府及教育管理双重职能。顺治元年（1644），置官设立。
　　左图为京师国子监辟雍。右图为雍正元年（1723）贡士陈祖范像，乾隆朝授国子监司业。

钦天监古观象台及南怀仁像

来源 故宫博物院

　　钦天监本是观测天象、编制历法的机构，但中国封建王朝历来信奉"天人合一"，凭天象定仪制、明施政。尤其是在重大礼仪活动中，钦天监是不可或缺的参与机构。

（三）皇室机构

107

宗人府左司印和右司印

年代　清乾隆
收藏单位　故宫博物院

宗人府是负责皇室事务的专门管理机构，负责提议奖惩、救济族人、编制谱牒等事务。图为宗人府左司印、右司印。

108

盛京总管内务府印

来源　《满洲官印谱》，清乾隆

盛京内务府负责管理上三旗包衣及宫禁诸事务。此印为乾隆朝礼部铸造，编号"乾字三百三十四号"。

王时敏像

来源 《吴郡名贤图传赞》，道光九年（1829）

顺治元年（1644）初置少常寺，其后多次与礼部合并或分立，执掌宗庙祭祀及礼乐事务，凡修读祝文、修整坛庙、备办祭品，均有参与。其官员卿、少卿一般由礼部尚书、侍郎兼任。光绪三十二年（1906）被裁撤。图为曾被授任太常寺少卿的王时敏。

110

韩菼像、钱大昕像

来源 左：《吴郡名贤图传赞》，道光九年（1829）
右：《练川名人画像》，道光三十年（1850）

詹事府为辅助太子事务的机构，但有清一代明诏立储，需要詹事府辅助培养的时候并不多，而且责任官员多以翰林兼任。乾隆十八年（1753）后，詹事、少詹事更多是赐给大臣的荣誉职位。下图分别为韩菼，康熙十八年（1679）状元，翰林修撰兼日讲官，少詹事；钱大昕，乾隆十九年（1754）进士，少詹事。

光禄寺卿王先生象

禄川名人畫象續編卷中第二十一頁

皇清光禄寺少卿吴公俊
勳業河嶽
文章日星
惟鄉之光
惟國之楨

111
王鸣盛像、吴俊像

来源　左：《练川名人画像续编》，道光三十年（1850）
　　　右：《五百名贤像赞》，清光绪

　　顺治元年（1644）初设光禄寺，执掌宫中祭享、筵宴及膳食珍馐的采办、制作事务。因事务清闲、品级较高，逐渐被作为荣誉职位授予年老勋高之臣。光绪三十二年（1906）并入礼部。图左、图右分别为乾隆朝光禄寺卿王鸣盛、少卿吴俊。

皇清太僕寺少卿嚴公虞惇
明刑弼教
奇䆃以雪
培植人材
佳士林立

112
尹继善像、严虞惇像

来源　左、右：《吴郡名贤图传赞》，道光九年（1829）

　　太仆寺执掌车辂、厩牧之令，负责管理车辂制备、宫马养驯，以及重大活动中的车仗、仪马的备应与养护。其官职也多被作为荣誉职位授予勋旧。图左为清顺治知府尹继善，与南明作战而死，被追赠太仆寺卿；图右为康熙朝太仆寺少卿严虞惇。

113
太医院印

年代　清
收藏单位　故宫博物院

　　太医院是宫廷专责医药管理及治疗的机构，除担负宫中医疗值班外，还奉命为宫外宗室王臣、外藩贵戚出诊疗视，有时也随行重大出巡活动负责现场看护。

（四）官制改革

114

载振像

年代　清光绪
收藏单位　故宫博物院

　　光绪二十九年（1903），清廷下谕设立商部，领导商务，兼办农工及路矿事务。这在传统重农抑商的国度里，具有不凡的意义。图为商部尚书载振像。

115

巡警部官员合影

来源　《中国旧影录》，中国摄影出版社，1999

　　光绪三十一年（1905）九月，清廷设立巡警部，管理全国警政以及京城内外工巡事务，并督饬办理各省巡警事宜，致使具有满洲八旗色彩的"步军统领衙门"管理京师治安的体制走到了终点。图为光绪三十一年北京丰泰照相馆所摄巡警部尚书徐世昌、左侍郎毓朗、右侍郎赵秉钧的合影。

116

学部遗址

来源　吴胜利

　　光绪三十一年（1905）十一月，清廷成立学部，统管全国各级教育，原敬谨亲王尼堪府邸定为学部机关办公场所。中国历史上由中央专设、管理教育的独立领导机构由此出现。图为学部衙署遗址内景。

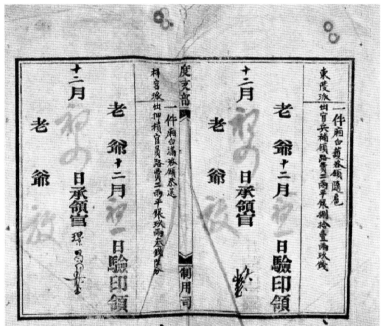

117

度支部验领

年代　清光绪
收藏单位　中国第一历史档案馆

　　光绪三十二年（1906）九月，清廷将户部改为度支部，并将光绪二十九年（1903）三月增设之财政处并入。图为度支部制用司记录发放银两的验领。

118

陆军部旧址

来源　吴胜利

　　光绪三十二年（1906），清廷改兵部为陆军部，将练兵处、太仆寺并入。图为陆军部衙署旧址。

大理院旧址

来源　上海图书馆徐家汇藏书楼

　　光绪三十二年（1906），清廷仿照西方立法、司法、行政三权分立之原则，将刑部改为法部，专理司法；大理寺更名为大理院，作为最高审判机关，专掌审判。图为大理院办公楼。

徐世昌像

年代　清光绪
来源　上海图书馆徐家汇藏书楼

　　光绪三十二年（1906）九月，清廷设立邮传部，综管全国轮船、铁路、电信、邮政等事宜。根据光绪三十三年（1907）六月奏定官制规定，邮传部下设承政、参议二厅及船政、路政、电政、邮政、庶务五司，一改此前政出多门、权力交叉之状况。宣统元年（1909）四月，徐世昌就任邮传部尚书。图为其旧照。

三

朝政参与

（一）决策人员

玄烨朝服像

年代　清

作者　佚名

收藏单位　故宫博物院

封建王朝，家国一体，尤其在高度中央集权的清朝，皇帝是最高政事决策者，也是政务督导第一人。图为中年康熙帝。

奕訢像

年代 咸丰十年（1860）
收藏单位 大英博物馆

　　亲王是宗室中皇帝的近支，往往在皇帝幼聪时被分外倚重，委以处理朝政的重要权力。清顺治朝睿亲王多尔衮、同治朝恭亲王奕訢、宣统朝醇亲王载沣均担负过治理朝政之重任。图为恭亲王奕訢。

李梦聪像、朱玮像

来源 《练川名人画像》，道光三十年（1850）

　　帝王治国虽是乾纲独断，但治国主意、手段仍要臣属出谋划策，皇帝会指定一些了解社会、见识宏阔的经世之才参与议政。图左李梦聪，官至江宁宁都知州。图右朱玮，官至安徽徽州知府。奏折中频见卓识，获赠"朝议大夫"。

124

朱珪像

年代　清后期
作者　（清）叶衍兰
收藏单位　中国国家博物馆

　　帝师在教诲储君过程中，会将自己的思想信念传导给未来的帝王，也会因与皇帝亲密的师生关系而得到年轻皇帝的倚重。朱珪（1731—1807），乾隆进士，上书房师傅，嘉庆帝即位后被召回，倚为肱股之臣，为嘉庆朝政出策甚多。

125

鄂尔泰像

来源　《吴郡名贤图传赞》，道光九年（1829）

　　军机处总揽朝政决策，直接向皇帝负责。为数不多的军机大臣成为朝政决策与实施的重要参与者，位高权重。图为乾隆朝领班军机大臣鄂尔泰。

126

刘墉像

来源　《青鹤》第三卷第二十四期，青鹤杂志社

　　乾隆十三年（1748），清廷确定内阁大学士三殿三阁之制，即保和殿、文华殿、武英殿、文渊阁、体仁阁以及东阁大学士。大学士参与朝政商议与讨论。图为刘墉，乾隆间体仁阁大学士，曾值南书房，充三通馆总裁，历经康熙、雍正、乾隆、嘉庆四朝。

（二）施政人员

尹继善像

来源 《五百名贤像赞》，清光绪

　　尹继善（1695—1771），章佳氏，字元长，号望山。隶满洲镶黄旗。雍正进士。历督云贵、川、陕甘、两江，授文华殿大学士。督理两江期间，清除弊政，整理田赋，治理水患尤力。

瞿鸿禨像

年代　清光绪
收藏单位　上海图书馆徐家汇藏书楼

　　清廷为处理某项专门事务会临时设立办事机构，任命专门的大臣经办此事，首要责任大臣一般称督办或总办，余称参预、协办、会办、帮办等。图为清末名臣瞿鸿禨（1850—1918），他被任命为新政督办政务大臣，筹措晚清新政事务。

129

军机四卿

年代　清光绪
收藏单位　故宫博物院

朝廷机构内有许多值班办事人员，如军机处的章京、行走，内阁的中书舍人、笔帖式，主要负责公文草拟、报送、录副、存档等事务。戊戌变法时期，光绪帝特命林旭、杨锐、杨深秀、刘光第（时称"军机四卿"）入军机处辅佐他推行变法。图为其中的三位，从左至右依次为杨深秀、林旭、刘光第。

130

中书舍人题名

年代　同治十年（1871）
作者　（清）鲍康
收藏单位　安徽省图书馆

内阁设中书若干员，秩从七品，负责翻译本章、票拟草签以及撰拟制诰等，居喉舌之任。图为顺治至同治间内阁汉票签处中书舍人名录，对籍贯、履历等信息均有记载。

（三）特例人员

131

慈禧太后朝服像

年代　清
作者　佚名
收藏单位　故宫博物院

　　皇帝幼聪时，太后往往凭借母后身份主持朝政。有清一代，孝庄皇太后、慈安皇太后、慈禧皇太后、隆裕皇太后，均对朝政有所染指。尤其是慈禧皇太后三度垂帘，两决皇嗣，掌控晚清政局近半个世纪。图为慈禧太后老年朝服像。

132

李卫像

年代　清后期
作者　（清）叶衍兰
收藏单位　中国国家博物馆

　　按常规，职官制度任命的官员有着一定的办事规则，并不能满足皇帝监视臣属、窥视社会的需要，总有一些官员受皇帝指派拥有超出职任的特殊使命。李卫（1688—1738），字又玠。江苏铜山人。康熙间捐员外郎，迁户部郎中。雍正朝任浙江巡抚，署刑部尚书、直隶总督等职，治理海塘、整顿盐政卓有劳绩，亦擅治理盗案。雍正帝奖称其为"督抚楷模"。

闻伏乞
睿鉴

尔奏得好今将赐治疟疾的

但疟疾若未转洪唰还无妨

若转了病此药用不得南方

膚釐弥用补济而偽人者

不计其数须要小心曹寅

元肯吃人参今得此病亦是

人参中来的

你若专治疟疾用二钱末酒

调服若轻了些再吃一服必要

住的住后或一钱或八分连吃

二服可以出根。

若不是疟疾此药用不得

须要认真等语

133

曹寅奏折上的朱批

年代　清康熙
收藏单位　中国第一历史档案馆

　　某些大臣会因特殊机缘与皇帝形成非同一般的信任关系，颇得皇帝宠信而深度参与朝政，从而对朝政发挥不同寻常的影响。苏州织造曹寅因母亲为康熙帝的乳娘，从而获得非同寻常的宠信。图为康熙帝得知曹寅重病后，亲书药单，并温语宽慰的朱批。由此可见两人关系的不同寻常。

134

汤若望像

来源　《澳门文化杂志》，2003年冬季刊

　　汤若望（1592—1666），德国人，天主教耶稣会传教士，通晓天文历算，译撰大量西欧天文学论著。万历四十六年（1618），他受耶稣会派遣来华传教，次年到达澳门；天启二年（1622）至北京。

135

通琇像、行森像

来源 《佛祖光影》，近代

　　因皇帝笃信佛教，放任一些和尚进入宫中，他们对宫廷事务也产生了影响。通琇、行森两位和尚在顺治初年入宫，为顺治帝讲解佛法，引发顺治帝对佛教产生无限倾慕并萌生出家情结，直接导致顺治帝倦勤怠政。图为通琇、行森和尚像。

136

苏麻喇姑像

年代　清初
作者　佚名
收藏单位　弗利尔博物馆

　　苏麻喇姑生于万历四十年（1612）左右，天命十年（天启五年，1625），作为科尔沁贝勒斋桑次女布占泰（即后来的孝庄文皇太后）的贴身侍女来到皇宫，辅导幼年的顺治帝、康熙帝习文写字，并吸收满、蒙、汉各族服饰的优长，参与厘定清朝冠服的设计定型，深得孝庄文皇太后及顺治、康熙、雍正皇帝的宠信，死后以嫔礼葬于孝庄文皇太后昭西陵之侧，视为殊荣。

137

李莲英像

年代　清光绪
收藏单位　故宫博物院

　　清初严禁太监干政，顺治帝特树铁牌书写禁条以勒犯者。但光绪年间，储秀宫大太监李莲英凭借位处慈禧太后身边的条件，拨弄权术，干预朝政。图为李莲英旧照。

四

要政规制

（一）八旗制度

《太祖建元即帝位图》

来源 《满洲实录》，天聪九年（崇祯八年，1635）

　　万历四十四年（1616）正月，努尔哈齐在赫图阿拉（今辽宁新宾老城）举行登极大典，称"承奉天命覆育列国英明汗"，建国大金，史称后金，建元天命。

皇太极朝服像

年代　清乾隆
作者　佚名
收藏单位　故宫博物院

　　皇太极为努尔哈齐第八子，在外征辽沈、内主旗务中获得信任，被封为和硕贝勒，与代善、阿敏、莽古尔泰合称四大贝勒，共议国政。天命十一年（天启六年，1626）九月初一，皇太极被诸贝勒推举为汗，尊称"天聪汗"。

顺治帝幼年像

来源　上海图书馆徐家汇藏书楼

　　在皇太极死后的皇位争夺中，多尔衮有同母兄弟多铎、阿济格的两白旗为后盾，并获得济尔哈朗镶蓝旗支持，极力争夺皇位，与豪格的两黄旗激烈对峙；在礼亲王代善两红旗另选皇太极子辈的提议下，三方妥协，议立福临即位，是为顺治帝。
　　福临为帝，郑亲王济尔哈朗、睿亲王多尔衮共同辅政，其背后是各自拥有的八旗力量的消长。

八旗甲胄

年代　清乾隆
收藏单位　故宫博物院

　　万历二十九年（1601），努尔哈齐始创八旗制度，是以旗统人、以旗统兵的军政合一的社会组织形式，具备行政、军事、生产等职能。图为清中期的八旗甲胄。

镶黄旗

正黄旗

正白旗

镶白旗

正红旗

镶红旗

正蓝旗

镶蓝旗

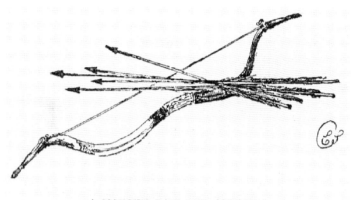

A MANCHU BOW AND ARROWS.

142

《满族弓箭图》

来源　上海图书馆徐家汇藏书楼

　　八旗制度起源于女真人狩猎时的"牛录"组织。牛录是满语"大披箭"之意。女真人在围猎中各出箭一枝，十人中立一总领，领导其余九人，该总领即牛录额真。初期，八旗制度规定：三百人为一牛录，五牛录为一甲喇，五甲喇为一固山（即"旗"）。图为满族弓箭样式。

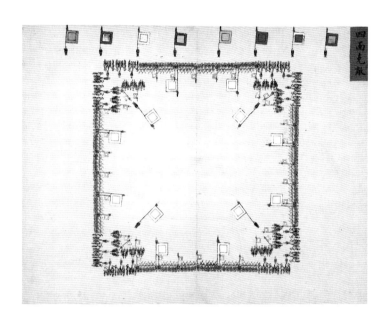

143

《满汉八旗及步军营巡防队合操阵式图》

年代　清后期
作者　佚名
收藏单位　北京大学

　　八旗制度初创时期，仅有黄、白、红、蓝四旗。万历四十三年（1615），为编制蒙古、汉军归附之人，增置镶黄、镶白、镶红、镶蓝四旗，遂成八旗。同时扩大建制内兵额，以五牛录为一甲喇，五甲喇为一固山（旗），固山额真亦即旗主，掌管旗内军事、行政、生产等事务。图上端展示了八旗旗帜样式。

144

上三旗甲胄

年代　清乾隆
收藏单位　故宫博物院

　　正黄旗、镶黄旗、正白旗一般被称为上三旗，由皇帝亲领。八旗中，皇帝独领三旗，力量接近半数，也是防止其他旗主谋反的重要措施。

145

代善墓碑

年代　清顺治
收藏单位　北京植物园

　　代善为努尔哈齐之子，封爵礼亲王，位尊年长权亦重，以独领两红旗的实力推举皇太极嗣位，获得成功。

146

阿济格像

来源　上海图书馆徐家汇藏书楼

　　阿济格为努尔哈齐第十二子，在皇太极死后的皇位争夺中，站在两白旗阵营一侧支持同母兄多尔衮，与豪格为首的两黄旗势力尖锐对立。他虽因礼亲王代善另推福临而失败，但仍将同母兄多尔衮拥护至辅政位置；他被封为英亲王，在入关后的统一之战中战功卓著。

LE PRINCE PAO-OUANG.

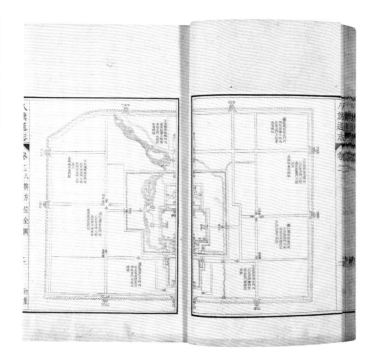

《京城八旗驻防图》

来源 （清）鄂尔泰等：《八旗通志初集》，乾隆四年（1739）

清朝定鼎北京后，将八旗驻防于京师，按左右两翼安置于京城四周。京师内城专供旗人居住，原有商民被迁至外城。

148

《钦定旗务则例》

年代 乾隆三十四年（1769）
作者 （清）傅恒等
收藏单位 故宫博物院

随着皇权的不断集中，诸王贝勒的权势逐渐被削弱。至乾隆朝，《钦定旗务则例》正式颁布，使旗务管理制度化，诸王贝勒管理旗务的权力受到约束。

149

《清世宗上谕八旗》

年代 清雍正
作者 （清）允禄
收藏单位 故宫博物院

雍正朝大力整顿八旗制度，严禁宗藩与外吏交通，杜绝朋党之弊。雍正帝改革八旗制度的举措之一是设立宗学和咸安宫八旗官学，并着手解决八旗生计问题，优恤旗人。《清世宗上谕八旗》记载了雍正帝改革旗务的言行举措。

《左右翼宗学录科试卷》

年代　乾隆三十年（1765）

收藏单位　中国第一历史档案馆

　　为解决皇室贵族八旗子弟的教育问题，雍正二年（1724），雍正帝命宗人府左、右两翼各设满、汉学，按月拨给银米纸笔等项，供诸王宗室子弟学习满、汉书，兼习骑射。雍正七年（1729），又在各旗增设觉罗学，意在造就八旗人才，体现对八旗子弟的优待。图为乾隆三十年（1765），八旗左、右翼宗学录科试卷。

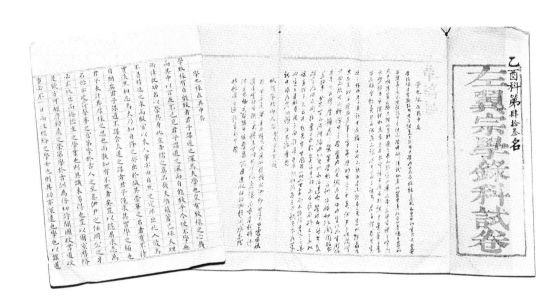

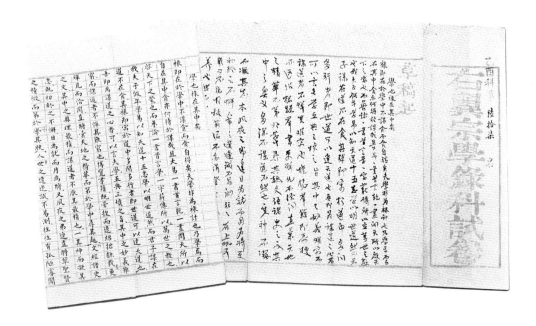

（二）律令制度

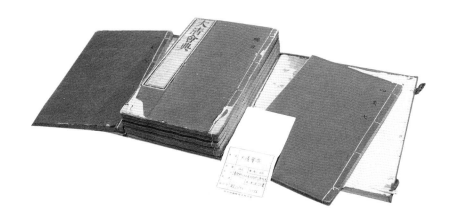

151

康熙朝《大清会典》

年代　康熙二十九年（1690）
作者　（清）允禄等
收藏单位　中国社会科学院近代史研究所图书馆

　　清朝制定的《大清会典》是作为具有法律效力的行政法典，始成于康熙二十九年（1690），后雍正、乾隆、嘉庆、道光等朝又屡次重修。《大清会典》一百六十二卷，所载内容自清开国至康熙二十五年（1686）间的职官设置沿革及所掌执事。

152

雍正朝《大清会典》

年代　雍正十年（1732）
作者　（清）尹泰等
收藏单位　故宫博物院

　　雍正二年（1724）颁诏，命内阁就康熙二十六年（1687）以后各部院的礼仪条例更加裁定，于雍正十年（1732）编成雍正朝《大清会典》二百五十卷，所载止于雍正五年（1727）。编纂体例与康熙朝《大清会典》同。

153

乾隆朝《大清会典》与《会典则例》

年代 乾隆二十九年（1764）
作者 （清）张廷玉等
收藏单位 故宫博物院

　　乾隆十二年（1747），清廷采取"以典为纲，以则例为用"的原则，将典例分别编纂，使典与例既各自独立，又互为补充，历时十八年，于乾隆二十九年（1764）编成《大清会典》一百卷与《大清会典则例》一百八十卷，所载止于乾隆二十三年（1758）。

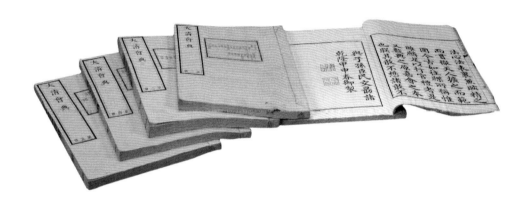

154

嘉庆朝《大清会典》

年代 嘉庆十七年（1812）
作者 （清）托津等
收藏单位 故宫博物院

　　乾隆朝《大清会典》开创的典与例分编体例，为嘉庆、光绪两朝沿用。嘉庆十七年（1812）纂成《大清会典》八十卷，同时仿照唐、宋《会要》，按年编载事例，一事一例，编定《大清会典事例》九百二十卷，所载内容涵盖了自乾隆二十四年（1759）至嘉庆十七年（1812），主要增加军机处、奏事处等机构。

大清會典卷之六十五　　　　禮部儀制司

大婚禮

皇帝大婚先遣官祭告

天。

地。

太廟。

御殿發冊。

命使奉迎其禮至重順治八年行

大婚禮十一年復行

大婚禮典制並同康熙四年。

吏律公式 事應奏不奏○出使不復命○
官文書稽程○照刷文卷○磨勘卷
宗○同僚代判署文案○增減官文書○封掌
印信○漏使印信○擅用調兵印信
卷六百一
刑部十八
戶律戶役 脫漏戶口○人戶以籍爲定○私剏
庵院及私度僧道
卷六百二
刑部十九
戶律戶役 立嫡子違法○收留迷失子女○賦
役不均○丁夫差遣不平○隱蔽差
役○禁革主保里長○逃避差役○點差獄卒
私役部民夫匠○別籍異財○卑幼私擅用
財○收養孤老

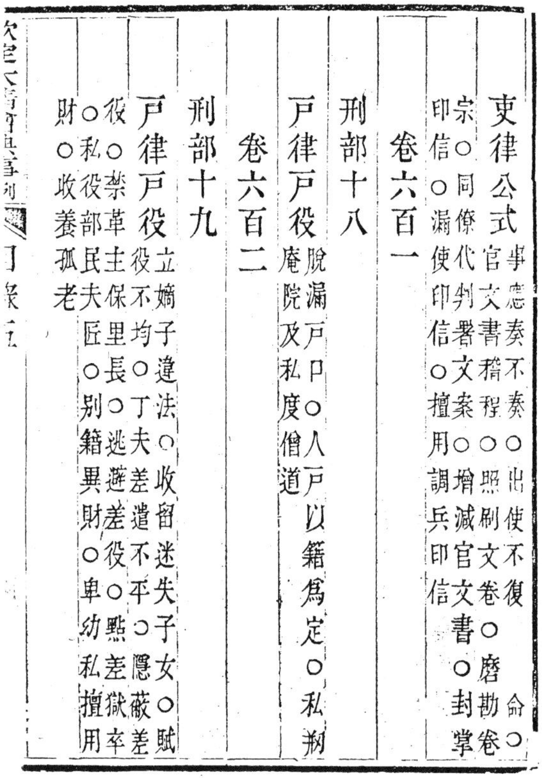

155

嘉庆朝《大清会典事例》

年代　嘉庆十七年（1812）
作者　（清）托津等
收藏单位　故宫博物院

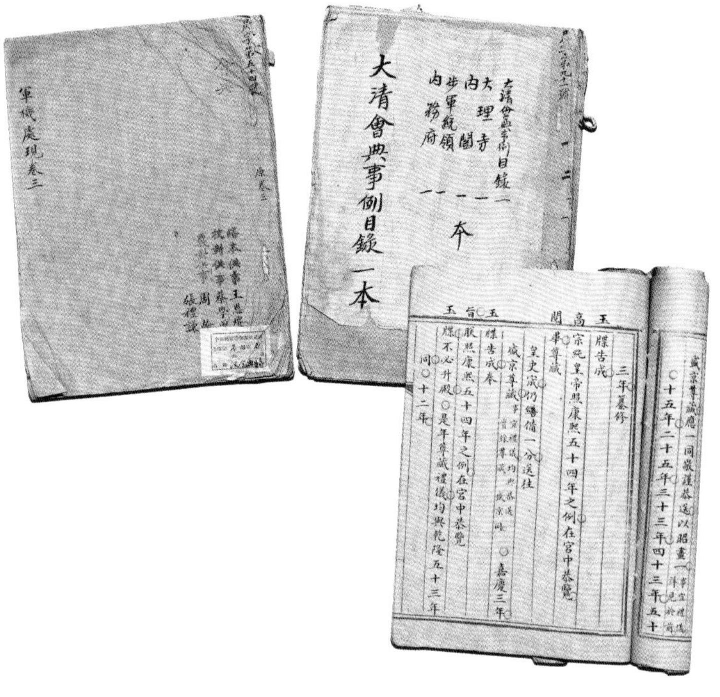

156

《大清会典》稿本

年代　光绪二十五年（1899）
作者　（清）昆冈等
收藏单位　中国第一历史档案馆

《大清会典》自光绪十二年（1886）开馆纂修，历时十四年修竣，计《会典》一百卷，《会典事例》一千二百二十卷，所载至光绪十三年（1887），内容上增加了总理各国事务衙门等新设机构。

157

《大清律集解附例》

年代　顺治三年（1646）

作者　（清）刚林等

收藏单位　故宫博物院

　　《大清律》是清朝的刑法典。顺治三年（1646），清廷第一部成文法典《大清律集解附例》刊成，翌年三月颁行全国。该律典共七篇三十卷，律文四百五十九条，附例四百四十九条，对《大清律》条文进行释法。图为刚林等纂修《大清律集解附例》刻本之书名页及卷端。

158

《大清律集解附例》

年代　雍正三年（1725）

作者　（清）朱轼等

收藏单位　北京大学图书馆

　　雍正三年（1725）颁行新律，仍保持原称谓《大清律集解附例》，律文三十卷四百四十六条，另附"原例"三百二十一条，"增例"二百九十九条，"钦定例"二百零四条，凡附例八百二十四条。相对于前两朝律例，新律文字更具规范，使大清律实至名归。

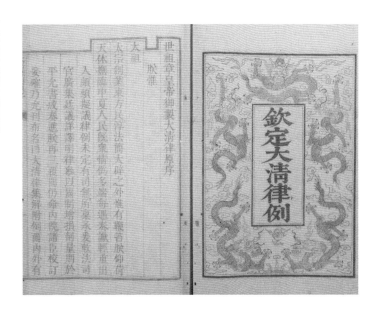

159

《大清律例》

年代　乾隆二十三年（1758）
作者　（清）刘统勋等
收藏单位　故宫博物院

　　清律经顺治、康熙、雍正三朝的发展，到乾隆五年（1740）定型为《大清律例》，共四十七卷，律文四百三十六条，附例一千四百零九条，是清代最为系统的刑法成法典。

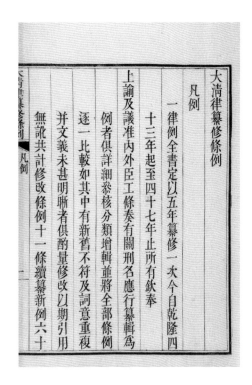

160

《大清律纂修条例》

年代　乾隆四十八年（1783）
作者　（清）阿桂等
收藏单位　故宫博物院

　　为强调律文的稳定性，清廷在《大清律例》颁布后，明确将其定为"祖宗成宪"，不可更动；只有作为"律"之补充的"例"，可以因时制宜，删减增补。乾隆四十八年（1783），阿桂等修订律例，成《大清律纂修条例》。

161

《大清现行刑律》

年代　宣统二年（1910）
作者　（清）沈家本等
收藏单位　故宫博物院

　　光绪二十七年（1901）十二月，清廷颁布实施新政上谕，法律改革是其中重要内容。

　　沈家本等人在删改大清律例的基础上，于光绪三十四年（1908）修订成《大清现行刑律》，作为新刑律出台前的过渡法律文本。该律废除凌迟、枭首等酷刑以及笞杖、刺字等刑罚，具有进步意义。

162

《大清新刑律》

年代　宣统二年（1910）
作者　［日］冈田义正等
收藏单位　安徽省图书馆

　　光绪三十四年（1908），由法律馆所聘日本法律专家冈田义正负责起草的《大清新刑律》脱稿，于宣统二年（1910）颁行全国。该律是中国第一部专门刑法典，确定死刑、无期徒刑、有期徒刑、拘役和罚金五种主刑以及褫夺公权、没收两种从刑。

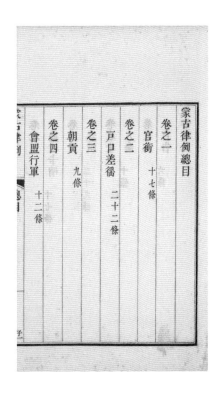

163

乾隆朝《蒙古律例》

年代　乾隆六年（1741）
作者　佚名
收藏单位　故宫博物院

　　清廷采取国家法制统一与因地制宜的原则，加强边疆少数民族地区的立法，制定专门用于各少数民族地区的基本法和单行法。

　　清廷于入关前就已颁发用于蒙古地区的单行法规《蒙古律书》，后不断修订、完善，至乾隆六年（1741）《蒙古律例》修订完成。图殿版《蒙古律例》为目前所见最早之汉文版本。

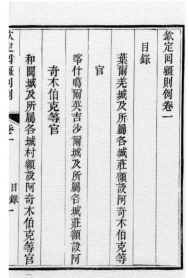

164

《钦定回疆则例》

年代　道光二十二年（1842）
作者　（清）赛尚阿等
收藏单位　故宫博物院

　　《回疆则例》是清廷颁行于统一后的新疆地区的基本法规，成于嘉庆十六年（1811）。道光二十二年（1842），赛尚阿等奉旨续修、重订，更名为《钦定回疆则例》。

（一）选官任官

165

《雍正帝朱批官员履历片》

年代　清雍正
收藏单位　中国第一历史档案馆

官员被引见接受皇帝问话后，皇帝会在履历片上作简短朱批，就其功过进行评论、作为日后任用的依据。

衡封濟直隸河間府滄州人年四十三歲由歲
人明白好老成去得将来可府道材　中上
貢五十八年選授河南汝陽縣知縣六十年
丁母艱雍正二年四月内補授東安縣知縣
四年九月布政司朱綱保舉五年二月引見
奉旨補授臨洮府知府

許鎮浙江湖州府德清縣人年五十歲由進
人簉菁寶明鼠恐有浙江風習　中上
士雍正五年四月内大學士張廷玉遵旨
保送引見奉旨補授江西南昌府知府

次等知縣　考語　辦事勤謹

章璠年三十四歲江南吳縣人由捐貢捐州同又
捐應陞正印即用又捐應陞主事又捐員外即
即用雍正五年六月内引見奉旨以知縣用經
楊文乾高共倬常費會題補授古田縣知縣

總督福建
太子少保
兵部尚書
姚公圖贊

溫陵江文映刻

166

姚启圣像

来源　《姚公要略汇编》，道光二十四年（1844），苏州
　　　大学图书馆

　　姚启圣（1624—1683），浙江会稽（今绍兴）
人，入清后隶汉军镶黄旗，历任香山知县、福建
布政使、闽浙总督、兵部尚书等职。
　　康熙二十年（1681），康熙帝命姚启圣统辖福
建全省兵马，会同水师提督施琅，攻取澎湖、台湾。

167

《任命图海为刑部尚书谕》

年代　顺治十二年（1655）
收藏单位　中国国家博物馆

　　顺治十四年（1657）发生了顺天闱（北闱）
和江南闱（南闱）科场舞弊案，顺治帝下令将考
官及举人等七人立斩，家产籍没，父母兄弟妻子
流徙尚阳堡。其余舞弊者亦加惩处。该案由刑部尚
书图海主持审理。图海曾于顺治十二年（1655）被
特谕参与校订《大清律》，熟悉大清法典。

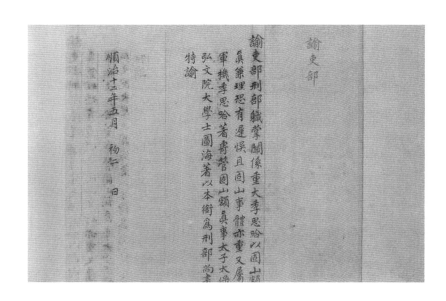

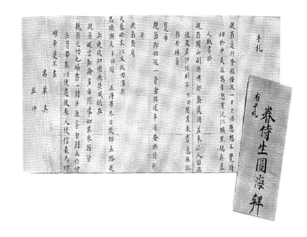

168

图海信札

年代　清康熙
收藏单位　中国第一历史档案馆

　　图海（？—1682），马佳氏，隶满洲正黄旗。顺治时官至弘文院大学士，列议政大臣，摄刑部尚书事。康熙十四年（1675），"三藩"在南方为乱，察哈尔蒙古布尔尼亲王乘机响应。大学士、都统图海被任命为副将军，随抚远大将军、多罗信郡王鄂札率兵征讨布尔尼，后凭功晋升一等阿思哈尼哈番。

169

图海功德碑

年代　康熙二十二年（1683）
收藏单位　北京市朝阳区奥林匹克公园

　　图海功德碑现在北京市朝阳区奥林匹克公园，保存完好。

（二）封官赏官

170

孙思克诰封碑

年代　康熙四十年（1701）
收藏单位　北京石刻博物馆

自汉代以来，朝廷以能封官、以军功封爵。孙思克（1628—1700），字荩臣，隶汉军正白旗。顺治间任参领。康熙二年（1663），晋甘肃总兵。在关陇地区平定了王辅臣叛乱，收复城池，功勋卓著。孙思克因功被升为一等阿达哈哈番、凉州提督。

171

定南王孔有德墓碑

年代　顺治十二年（1655）
收藏单位　北京石刻博物馆

孔有德原为毛文龙部将，天聪七年（崇祯六年，1633）归降后金，封恭顺王。清入关后，从豫亲王多铎西讨李自成，攻取南京。顺治六年（1649），改封定南王，顺治十一年（1654）建祠，次年三月立碑。该墓碑原位于北京孔王坟。孔有德是较早被封王的汉臣。

172

敬谨亲王尼堪墓碑

收藏单位　北京市房山区东甘池村

顺治九年（1652）七月，敬谨亲王尼堪受命为定远大将军，率兵追击大西军李定国部，在衡州遇伏阵亡，被追封和硕庄亲王。该碑位于北京市房山区东甘池村。

173

《肃亲王豪格令旨》

年代　顺治四年（1647）
收藏单位　台北"中央研究院"历史语言研究所

顺治三年（1646），和硕肃亲王豪格受命为靖远大将军，统领官兵征伐四川张献忠大西政权。此件为豪格行军过程中颁发的令旨。近亲宗室封王，在清朝是一般的惯例。

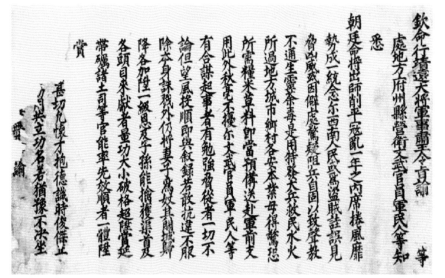

174

尚之信像

年代 清康熙
作者 佚名
收藏单位 辽宁尚氏家族

尚之信（1636—1680），字德符，号白岩，平南王尚可喜长子。隶汉军镶蓝旗。康熙十年（1671）起，佐理其父军事。康熙十五年（1676），尚之信响应吴三桂叛乱，领吴三桂招讨大将军伪职。康熙十六年（1677）五月，尚之信率所部剃发"归正"，康熙帝仍令其袭封平南王；但尚之信心怀异志，康熙十九年（1680）六月，康熙帝密令将尚之信逮至京师，不久赐死。

175

"精忠"印章

年代 清康熙
收藏单位 故宫博物院

耿精忠（？—1682），耿仲明之孙，康熙十年（1671）袭王爵，驻守福建，成为与吴三桂、尚可喜并称的汉王"三藩"之一。康熙十三年（1674），举兵附和吴三桂叛乱，后势穷降清。三藩之乱平定后，被磔于京师。该印为籍没入官之物。

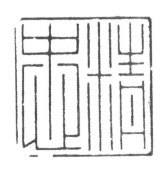

顺承郡王勒克德浑墓碑

收藏单位　北京市房山区西甘池村

　　勒克德浑（1619—1652），代善之孙。顺治二年（1645），任平南大将军，取代豫亲王多铎平定江南地区，因功晋封顺承郡王。勒克德浑墓碑位于今北京市房山区西甘池村。

（三）整顿吏治

《敕天下朝觐官员贪酷重惩谕》

年代　顺治四年（1647）
收藏单位　中国国家博物馆

　　清入关后，开始着手清除故明弊政，整饬吏治，取消三饷（辽饷、剿饷、练饷）加派，实行蠲免赋税、奖励垦荒等措施。鉴于明朝因吏治腐朽而亡国的教训，清朝采取各种措施整顿吏治，严惩贪腐。图为朝廷发出的重惩贪酷的敕谕。

顺治帝《"经国安民，力行仁政"诏书》

年代　顺治十一年（1654）
收藏单位　中国国家博物馆

　　清入关以来，战事不已，对社会经济造成了严重破坏。为巩固统治秩序，颁布"经国安民，力行仁政"恩赦事宜三十项，内容涉及免除诉讼、宽宥官员、抚恤百姓、减免赋役等措施。

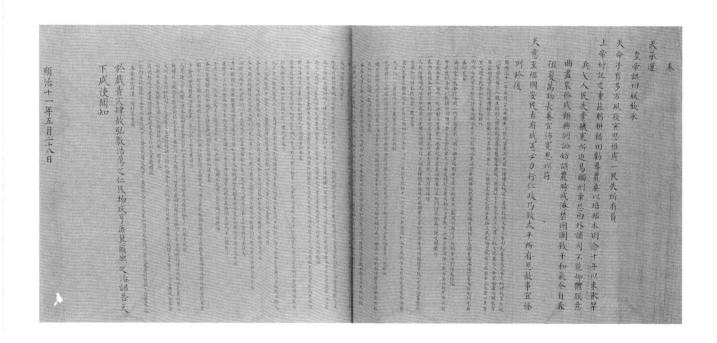

179

南京鼓楼康熙帝御制戒碑

来源 ［美］施塔福：《二十世纪初的中国印象》，上海
　　　古籍出版社，2001

　　康熙二十三年（1684），康熙帝首次南巡，在
自江宁回銮途中发布戒谕："尔等大小有司，当洁
己爱民，奉公守法，激浊扬清，体恤民隐，以副
朕老安少怀之至意。"

180

《康熙帝命严查郎廷相、段应举庸才案谕旨》（局部）

年代　康熙十七年（1678）
收藏单位　中国国家博物馆

福建总督郎廷相、提督段应举在任内碌碌无为，致使社会秩序不稳，民生困苦，海贼内犯。康熙帝命吏、兵二部会同康亲王严查，二人均被革职。该图为康熙十七年（1678）颁发的有关谕旨。

181

吴兆骞像

来源　《吴郡名贤图传赞》，道光九年（1829）

吴兆骞（1631—1684），江南吴江（今属江苏）人，字汉槎。顺治十四年（1657）中举人，因科场案遣戍宁古塔，谪居二十余年。康熙二十年（1681），在友人纳兰性德、顾贞观、徐乾学的协助下赦还。

182

《雍正帝整顿吏治谕旨》

年代　雍正元年（1723）
收藏单位　中国第一历史档案馆

　　雍正帝在即位之初，一改康熙帝晚年"宽仁无为"政策带来的吏治弊病，厉行"猛以济宽"，整饬吏治，裁汰冗劣。雍正帝在谕旨中称"朕惟国家首重吏治"，主张对任意追加火耗的州县官吏，"从重治罪，决不宽贷"。

（四）谥法谥号

183

于成龙像

年代　康熙四十五年（1706）
作者　佚名
收藏单位　多伦多皇家安大略博物馆

清代有根据勋贵大臣生前的品行功劳，死后给予定评的惯例，称为谥法。以"文"字前缀为第一类谥号，其中又以"文正""文贞""文成""文忠"为最高级，有着广泛的社会关注度。于成龙（1617—1684），山西永宁（今离石）人，历任福建按察使、直隶巡抚、两江总督。任内官操清正，治事勤谨，严惩贪腐。康熙帝称"朕博采誉评，咸称于成龙实天下廉吏第一"，谥号"清端"。

184

张伯行像

来源　《吴郡名贤图传赞》，道光九年（1829）

康熙四十六年（1707），康熙帝南巡称赞时任江苏按察使的张伯行"居官甚清，最不易得"，擢其为福建巡抚，赐"廉惠宣猷"榜。四十八年（1709），张伯行调江苏巡抚，揭发江南科场舞弊，终使噶礼夺官，死后谥"清恪"。

（一）密折

185

雍正帝朱批奏折

年代　清雍正
收藏单位　中国第一历史档案馆

　　雍正帝完善并推行奏折制度，在奏折撰写者、递交方式、内容、格式、朱批及保密措施等方面作出了制度化规定。此后，清朝军国要务均由奏折传达。图为雍正帝对年羹尧奏折的朱批。

臣年羹尧谨奏贝子允禔家眷於七月初六日至西安臣因其跟随之人与太监等於山西之平定州水头两处打伤民人若於谕其办理家务之杜赖六雅图两人若於陕省如此狂为即便锁拿问罪决不轻恕又此次贝子家带来银两颇多皆用大餕餕匣子装贮籥锁坚固而托言食物究不能瞒骗夫也再额驸永福臣叫至署中其衣服蓝缕面目病瘦细问始知合贝子家上下人等无不作践永福者呼为奸细其所与饮食脚驟皆不堪已极盖将有致之死地之意殊为可怜也谨奏

著果如此宽厚属可怜也览奏朕意恻然扰卿意此好如竹篓茶好但永福甚狂得知

二者恐先禩得其利用之故程尚善未保护眾拆照廫他岩恨怒其岳情真不谙此行闻圣祖乃其祖孙父子大恩至大事出特他一点测也没有恳皆可从由写来

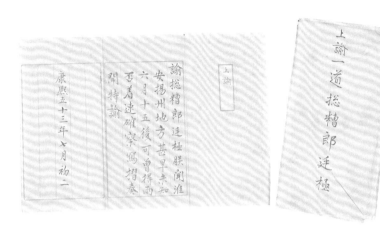

186

郎廷极上缴奏折

年代　康熙五十三年（1714）
收藏单位　中国第一历史档案馆

　　因保密需要，朱批奏折须上缴。规定各省文武官员奏折经朱笔批示者，均需呈缴，以备查阅；并规定在下次查办奏事时须将朱批原折呈缴，严禁仿写、留匿、焚弃、污损朱批谕旨。

187

《慎邸殿下训经图》

年代　清康熙
作者　（清）顾铭
收藏单位　故宫博物院

　　允禧（1711—1758），康熙帝第二十一子，封慎郡王，其诗风清秀，尤工绘画，自署紫琼道人。既诗画双全，又娴于骑射，这在清朝宗室中少有。该图体现了允禧文武兼具的气质。

（二）朝廷公文

188

《和珅关于马戛尔尼使团接待事务的廷寄》

年代　乾隆五十八年（1793）
收藏单位　中国第一历史档案馆

　　军机处起草的谕旨分明发、廷寄两种。凡是重大机密事件，由军机处拟定谕旨，采用廷寄方式下发——由军机处密封，经兵部驿马直接传递到地方督抚。廷寄制度使皇帝旨意直达地方，架空了内阁、议政王大臣会议。此为乾隆五十八年（1793）和珅关于接待马戛尔尼使团事务给各地督抚的廷寄。

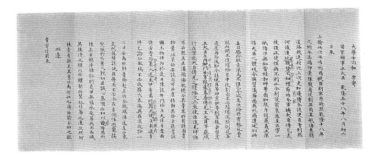

189

乾隆帝朱改票签

年代　清乾隆
收藏单位　中国第一历史档案馆

　　清朝专制皇权不断强化。南书房、军机处业已架空了内阁职权，内阁只是名义上的行政中枢，主要执掌票拟（票签）之权，就题本拟写票签，进呈皇帝批阅。此为乾隆帝朱改票签。

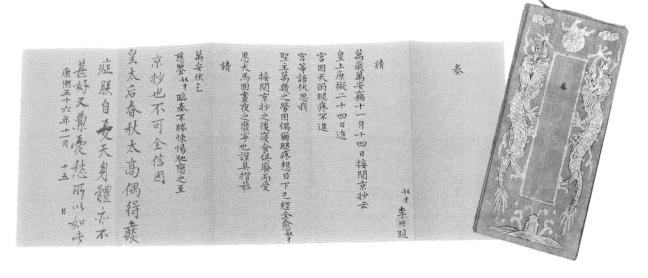

常 务 篇

　　清代统治理念往往从前朝寻找历史镜鉴，基本上是"经验治国"。宋代有"半部《论语》治天下"，清朝则是贯彻始终的上代皇帝的经验语录"圣训"。顺治帝的《世祖章皇帝圣训》、康熙帝的《圣祖仁皇帝庭训格言》被奉为治国经典广泛印发，成为遵行不替的理政信念。

　　清朝中央朝廷治理国家有两个基本原则，即尊崇八旗、和融蒙古。八旗制度是满族贵族起家初始就设定的军政合一制度，延续清代国祚的始终，是清代王朝宫廷统治的基石和依靠。八旗制度不仅仅是满洲民族制度，更是一种统治制度。由于有了八旗制度，清廷获得了最强干的统治力量，满族中的中坚力量、蒙古族中的帮衬力量、汉族中的拥戴力量都聚拢在清廷周边，维护了清廷的社会统治。

　　常规朝务不决于宫外各部，而是决于宫廷中以皇帝为核心的议政王大臣会议的议政王、军机处军机大臣、内阁大学士等核心圈人员，并获得九卿机构的辅助落实。政务内容涉及具有普遍意义的国家事务层面，如和融蒙古、落实满蒙联姻；尊崇黄教，以宗教为纽带联络西藏宗教及世俗势力；坚定农本主义思想，倡导水稻品种精选与改良；稳定宗藩往来，扩大对外影响力；改进赋税与货币制度，不断向近代化国家迈进。

伴随着经济领域的改良与发展，清廷的政务也发生了撞击与反应，在不动摇封建专制体制的前提下，政务也慢慢地发生了变革，开始走向近代化。

一

治世方针

190

《御制资政要览》

年代　顺治十二年（1655）
作者　（清）福临
收藏单位　故宫博物院

　　顺治十二年（1655），《御制资政要览》告成，颁赐臣子。该书由保和殿大学士额色赫任总裁官，国史院大学士傅以渐撰后序，弘文院大学士吕宫等人参与其事。由顺治帝授意，从四书五经、通鉴、十三经、二十一史及诸子书中采集关于政事者，成三十篇，用以劝勉百官、资政治国。此为该书书影。

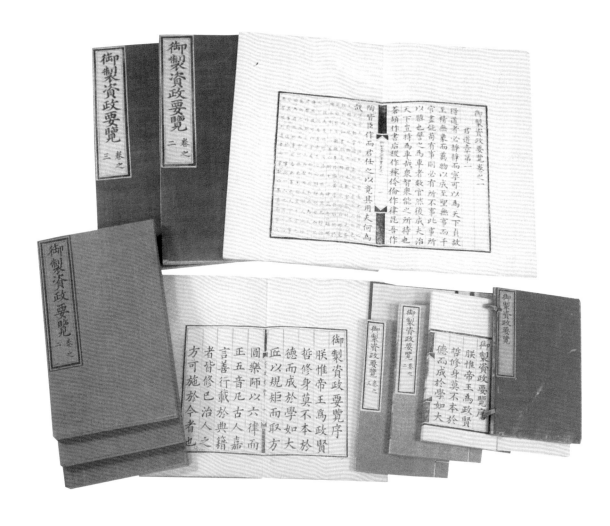

《御制人臣儆心录》

年代　顺治十二年（1655）
作者　（清）福临
收藏单位　故宫博物院

　　顺治十二年（1655），顺治帝亲撰《御制人臣儆心录》，用于训诫臣子，作为官立身之本，并将该书连同《御制资政要览》颁赐异姓公以下、文官三品以上。此举在于加强对臣子的思想教化，培养忠君意识。此为该书满文、汉文本书影。

《世祖章皇帝圣训》

年代　康熙二十六年（1687）
作者　（清）福临
收藏单位　故宫博物院

　　康熙二十六年（1687），《世祖章皇帝圣训》编纂成书，开创清代编纂前代皇帝言行为"圣训"的先例，后遵循成为定例。此后各帝遵从祖宗训示，相沿不替。该书是顺治帝统治经验的总结。

193

雍正帝题"勤政亲贤"匾

年代　清雍正
作者　（清）胤禛
收藏单位　故宫博物院

　　雍正帝执政以勤勉著称，执政风格以刚猛见长，这块悬挂在紫禁城养心殿西暖阁的御题"勤政亲贤"匾体现了雍正帝的执政理念。

194

《圣谕广训》

年代　雍正二年（1724）
作者　（清）胤禛
收藏单位　故宫博物院

　　为加强思想控制，雍正帝于雍正二年（1724）二月初二，在康熙帝圣谕十六条的基础上加以注释阐发，撰成《圣谕广训》颁行全国，遴选秀才大肆宣讲，表现了儒家治国思想在清代政治生活中的运用。

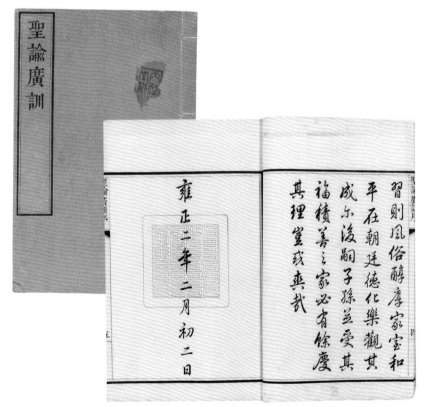

《圣祖仁皇帝庭训格言》

年代　雍正八年（1730）

编者　（清）胤禛

收藏单位　故宫博物院

　　雍正八年（1730），雍正帝与诚亲王允祉将康熙帝生前针对皇子做人、读书、驭人方面的训诫之语汇纂成书，定名《圣祖仁皇帝庭训格言》。该书编纂的目的在于宣扬康熙帝治理王朝的思想，一定程度上渗透着对雍正帝即位合法性的舆论宣传。

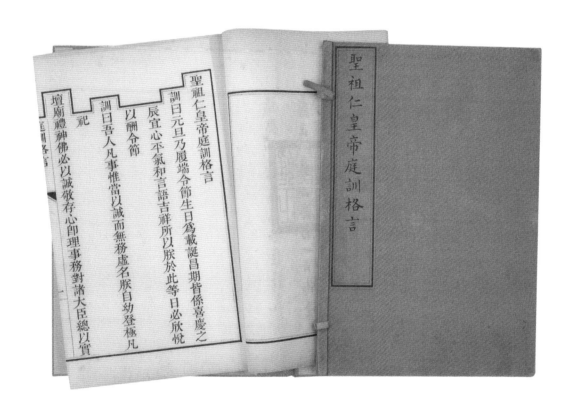

二

抚绥蒙藏

（一）和融蒙古

196

苏尼特左旗札萨克印

年代　清康熙
收藏单位　内蒙古博物院

札萨克，蒙古语为"法令""执政"之义，意即"一旗之长"。顺治十二年（1655），清廷在喀尔喀蒙古设八札萨克，分左右两翼，以各旗王公、贝勒充任各旗长官，管理本旗所属的地方事务。札萨克既是蒙古族各旗封建领主，又是清朝政府委任的官吏。它的设置，对清廷于蒙古族地区的控驭和社会安定发展，均起到积极作用。

197

喀喇沁右旗王府之腰刀

年代　清前期
收藏单位　内蒙古自治区赤峰市喀喇沁旗王府博物馆

蒙古喀喇沁部在漠南蒙古察哈尔部林丹汗与后金皇太极的拉锯战中，最终倒向后金，并与之誓盟。天聪三年（崇祯二年，1629），蒙古喀喇沁台吉布尔哈图为前导，引皇太极统兵入关袭扰明朝。崇德元年（崇祯九年，1636），皇太极置喀喇沁右旗，隶卓索图盟。图为喀喇沁右旗王府腰刀。满蒙和融，叩关中原。

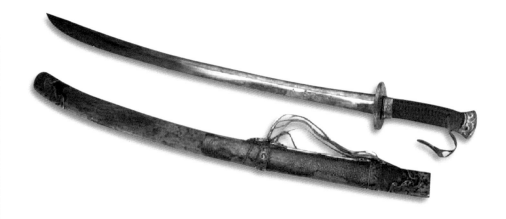

198

喀喇沁王"世守漠南"寿山石印

年代　清前期
收藏单位　内蒙古自治区赤峰市喀喇沁旗王府博物馆

　　皇太极在统一漠南蒙古过程中采取了和融诸部专对一端的策略，争取到科尔沁、喀喇沁、鄂尔多斯、喀尔喀等多部与后金结盟，共同征讨察哈尔部林丹汗。图为喀喇沁王印章，印文"世守漠南"，表达了喀喇沁部对后金的效忠。

199

呼和浩特无量寺经堂西壁《弥勒菩萨像》壁画

年代　清前期
收藏单位　呼和浩特市博物馆

　　天聪六年（崇祯五年，1632），皇太极追击察哈尔部林丹汗途中驻在弘慈寺（后改名无量寺），下令保护寺院，从此开启利用藏传佛教抚绥蒙古诸部的新途径。其后，皇太极曾赐该寺满、蒙、汉文"无量寺"匾额，加强笼络信教的漠南蒙古各部。

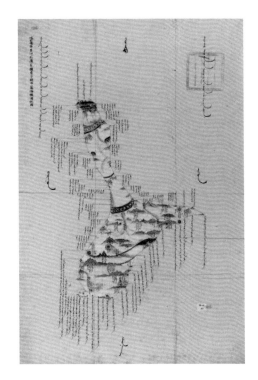

Khalkha Tartars

200

《喀尔喀车臣汗札萨克旗贝子棍布苏伦旗游牧图》

年代　清后期

收藏单位　德国柏林国家图书馆

　　崇德元年（崇祯九年，1636）十一月，漠北蒙古车臣汗遣卫征喇嘛等人，率侍从百余人至盛京叩见皇太极，呈奏疏，进贡马，奉弓箭，表达亲近之意。

201

喀尔喀蒙古骑兵像

来源　上海图书馆徐家汇藏书楼

　　崇德三年（崇祯十一年，1638），经过皇太极坚持不懈的和融攻势，漠北蒙古土谢图汗、扎萨克图汗、车臣汗等喀尔喀三部，遣使拜见皇太极，约定每年向清朝行"九白之贡"。漠北蒙古终于顺遂。图为法国人所绘的喀尔喀蒙古骑兵。

202

哲里木盟长印

年代　乾隆十三年（1748）

收藏单位　辽宁省博物馆

　　漠南蒙古归附后，清朝建立盟旗制度，派札萨克管辖旗地，编审户口，审理案件。旗下设佐领。相邻各旗每三年会盟一次，推选盟长主持盟会，处理盟务；各盟民族事务由朝廷的理藩院管辖，并受所在地区的将军、都统节制。哲里木盟统领十旗，与卓索图盟、昭乌达盟、锡林郭勒盟同属东四盟；旗务由盛京将军、吉林将军、黑龙江将军监管。此图为乾隆朝颁发的哲里木盟长印。

203

御制土尔扈特全部归顺记碑

年代　乾隆三十六年（1771）
收藏单位　普陀宗乘之庙

土尔扈特部是厄鲁特蒙古四部之一，明崇祯初年迁居伏尔加河下游一带。因不堪忍受沙俄的残暴压迫，于乾隆三十六年（1771），在渥巴锡汗的率领下重返祖国。《御制土尔扈特全部归顺记》碑由乾隆帝亲撰碑文，该碑用汉、满、蒙、藏四种文字记载土尔扈特部归国历程。原碑立于河北承德普陀宗乘之庙。

204

普陀宗乘之庙

来源　吴胜利

土尔扈特部回归，高兴异常的乾隆帝在木兰围场伊绵峪接见渥巴锡等人，并赐宴万树园。适逢承德普陀宗乘之庙竣工，乃于庙内立《御制土尔扈特全部归顺记》和《御制优恤土尔扈特部众记》碑。图为普陀宗乘之庙全景。

 205

土尔扈特印

年代　乾隆三十七年（1772）
收藏单位　昌吉回族自治州博物馆

　　为安抚土尔扈特部众，乾隆帝赐给牛羊衣物，并将其七万部众分地安置，划分牧场，赐予官职。该印即清廷颁给土尔扈特部的银质印。

206

孝庄文皇后便服像

年代　清康熙
作者　佚名
收藏单位　故宫博物院

　　孝庄文皇后，漠南蒙古科尔沁部人，博尔济吉特氏，名布木布泰。与其姑姑哲哲、姐姐海兰珠同嫁皇太极一人，此现象反映了极为密切的满蒙联姻。

207

福临"敬佛"榜书碑拓片

年代　顺治十七年（1660）
作者　（清）福临
收藏单位　中国国家图书馆

　　顺治帝深受佛教影响。顺治十四年（1657）后，顺治帝开始接触玉林琇、木陈忞、茆溪森等名僧，信奉佛教，自号"痴道人"。顺治帝这一思想转向对清初政局影响甚大，"顺治出家"是清初三大疑案之一。"敬佛"二字系顺治帝为万安山法海寺所题，原碑在北京海淀区红旗村北法海寺。

《钦定蒙古源流》

年代　乾隆四十二年（1777）
作者　（清）萨囊彻辰
收藏单位　故宫博物院

　　《蒙古源流》，原名《诸汗源流宝史纲》，是康熙元年（1662）蒙古学者萨囊彻辰据蒙藏文献编纂的蒙古史著作。乾隆年间，喀尔喀部亲王成衮札布将本书抄本进呈，收入《四库全书》。乾隆四十二年（1777），乾隆帝命将《蒙古源流》译成满文，又由满文译成汉文，列入钦定书目。该书的翻译，是清朝绥靖蒙古的文化措施之一。

《蒙古律例》

年代　清乾隆
作者　（清）理藩院
收藏单位　故宫博物院

　　为加强对蒙古地区的统治，乾隆六年（1741），清朝在前代《蒙古律书》的基础上修成《蒙古律例》，收入关于蒙古地区职官、户口、朝贡、会盟、盗贼等方面的法律条文。此为乾隆三十一年（1766）该书内府刻本。

（二）绥靖西藏

《顾实汗像》壁画

年代　清顺治
作者　佚名
收藏单位　西藏自治区布达拉宫

　　顾实汗（1582—1655），又作固始汗，为"国师"之音译，本为厄鲁特蒙古和硕特部首领，崇德六年（崇祯十四年，1641）率兵由青海入藏，杀藏巴汗，掌握青藏地方政权，多次遣使与清廷联系。

四世班禅喇嘛唐卡像

年代　清初
作者　佚名
收藏单位　首都博物馆

四世班禅罗桑确吉坚赞（1567—1662），西藏日喀则地区伦朱甲人。万历七年（1579）入日喀则恩贡寺，万历二十九年（1601）就任扎什伦布寺座主；曾谋划引顾实汗兵入藏消灭藏巴汗，遣使赴盛京朝觐。顺治二年（1645），被顾实汗赠"班禅博克多"称号，是为班禅名号之始。顺治四年（1647），清廷封其为"金刚上师"。清廷以此怀柔后藏。

212

《顺治帝颁给四世班禅的谕旨》

年代　顺治八年（1651）
收藏单位　西藏自治区档案馆

　　顺治八年（1651），顺治帝降旨四世班禅，敦请五世达赖喇嘛启程来京。该件为藏文。

213

《五世达赖喇嘛觐见顺治帝图》壁画

年代　清初
作者　佚名
收藏单位　西藏自治区布达拉宫

　　五世达赖喇嘛于顺治九年（1652）十二月到达京师，受到顺治帝隆重接待，顺治帝特建黄寺供其下榻。图为布达拉宫西大殿东壁壁画，反映了五世达赖觐见顺治帝的情景。

顺治帝赐五世达赖喇嘛金印

年代　顺治十年（1653）

收藏单位　西藏自治区文物管理委员会

　　顺治十年（1653）二月，五世达赖喇嘛返程。顺治帝命和硕承泽亲王硕塞等率八旗官兵护送。当年四月，五世达赖喇嘛行至代噶（今内蒙古凉城）时，顺治帝遣官携金册、金印往赐五世达赖喇嘛。其封号为"西天大善自在佛所领天下释教普通瓦赤喇怛喇达赖喇嘛"。

《五世达赖喇嘛奏谢顺治帝表文》

年代　顺治十年（1653）

收藏单位　中国第一历史档案馆

　　五世达赖喇嘛受封后，在顺治十年（1653）五月二十五日，进表答谢颁赐金册、金印及封号，附献马匹、琥珀等物，认同了与清廷的从主关系。

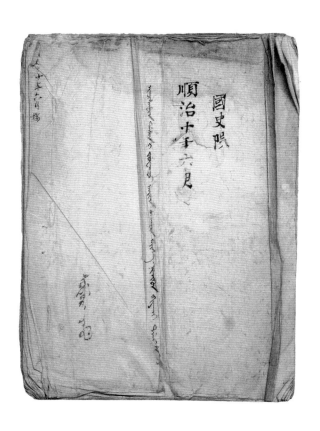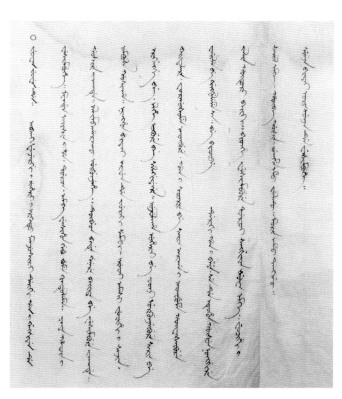

216

《顺治帝颁给五世达赖的敕谕》（局部）

年代　顺治十四年（1657）
收藏单位　西藏自治区档案馆

　　顺治十四年（1657），顺治帝专谕问候五世达赖喇嘛，并赏赐缎帛、银币等物。五世达赖喇嘛上表谢恩，并贡方物。清廷与西藏的中央、地方关系进一步加强。此为顺治帝当年六月二十四日致五世达赖的敕谕。

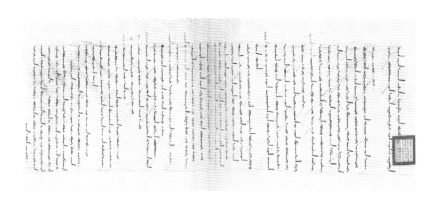

217

《拉藏汗奏表》

年代　清康熙
收藏单位　中国第一历史档案馆

　　康熙四十年（1701），蒙古和硕特部贵族拉藏汗即位，主政西藏，与当地上层第巴桑结嘉措发生矛盾。四十三年（1704），拉藏汗率兵进攻拉萨。康熙帝因桑结嘉措长期隐匿五世达赖喇嘛丧闻，并与噶尔丹勾结，遂支持拉藏汗，封其为"翊教恭顺汗"，废黜仓央嘉措。四十八年（1709），清朝派侍郎赫寿入藏，协同拉藏汗办理西藏事务，赫寿为清朝首次派出的驻藏办事官员。此件为拉藏汗致康熙帝的奏表。

218

《康熙帝册封五世班禅的敕命》

年代　康熙五十二年（1713）
收藏单位　西藏自治区档案馆

　　康熙五十二年（1713），理藩院参照赏赐达赖喇嘛之例，封班禅呼图克图为班禅额尔德尼，命其主持扎什伦布寺，并赐金印玉册。此举确定了班禅活佛的转世系统。此为藏文缮写敕谕原件。

康熙帝赐五世班禅金印

年代　清康熙
收藏单位　西藏自治区扎什伦布寺

　　康熙帝赐五世班禅金印，印文为"敕封班臣额尔德尼之印"，"班禅额尔德尼"的封号由此开始。

《康熙帝颁给六世达赖喇嘛的敕谕》

年代　康熙六十一年（1722）
收藏单位　西藏自治区档案馆

　　康熙五十四年（1715），西藏三大寺上层喇嘛与青海和硕特部王公在民间寻获一位达赖喇嘛转世灵童格桑嘉措。五十九年（1720），康熙帝派员护送格桑嘉措入藏，正式册封格桑嘉措为"弘法觉众第六世达赖喇嘛"，此即后世所称六世达赖。六十一年（1722）三月，达赖喇嘛遣使进贡，清朝赏赉如例。

 221

布达拉宫供奉的康熙帝长生牌位

年代　康熙六十一年（1722）
收藏单位　西藏自治区布达拉宫

　　六世达赖喇嘛为表达崇敬之情，特设康熙帝
长生牌位，牌位上用藏、汉、满、蒙四种文字铭
刻"当今皇帝万岁万万岁"。

222

雍正帝赐七世达赖喇嘛金印

年代　清雍正
收藏单位　西藏自治区文物管理委员会

　　雍正帝即位后，七世达赖喇嘛遣使祝贺。雍
正帝乃颁赐七世达赖喇嘛封号及金册、金印，金
印内容与康熙帝所赐六世达赖喇嘛金印一样，用
汉、满、藏三种字体镌刻，其封号为"西天大善自
在佛所领天下释教普通瓦赤喇怛喇达赖喇嘛"。

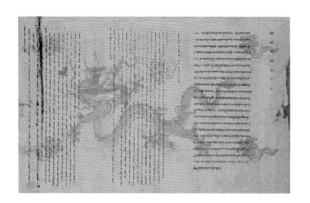

 223

《雍正帝为加封赏赐印册事给七世达赖喇嘛敕谕》

年代　雍正元年（1723）
收藏单位　西藏自治区档案馆

　　雍正元年（1723）三月，七世达赖喇嘛遣使
表进方物。清朝颁赐七世达赖喇嘛册印敕书，命
其办理噶布伦事务，赐"西天净土和地上圣教之
主一切智持金刚达赖喇嘛"金印，印文除满文、
藏文外增刻蒙古文。

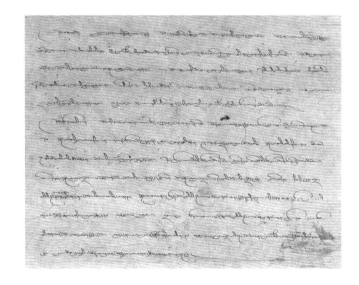

224

《钦定藏内善后章程二十九条》

年代　乾隆五十八年（1793）
收藏单位　西藏自治区档案馆

　　乾隆五十七年（1792），乾隆帝命福康安与八世达赖喇嘛、七世班禅额尔德尼商定西藏善后章程。次年，作为西藏地方政权基本法律的《钦定藏内善后章程二十九条》正式颁布实施。该章程确立了驻藏大臣全面督办西藏事务的法律地位，制定了具有深远影响的金瓶掣签制度，并就西藏地方官吏任免、驻军、涉外事务、财政、户口、赋役等事项作出相应规定。该章程标志着清朝对西藏地方的治理提升到了新的高度。

225

金奔巴瓶

年代　乾隆五十八年（1793）
收藏单位　西藏自治区拉萨罗布林卡

　　根据《钦定藏内善后章程二十九条》对金瓶掣签制度的规定，在达赖喇嘛的化身——呼毕勒罕出世之后，将西藏各地报出的呼毕勒罕，由驻藏大臣将姓名、出生日期，用满、汉、藏文缮写在牙签上，投入金奔巴瓶中，再由驻藏大臣掣出，由此确认转世灵童。该图为金奔巴瓶实物。

（三）安抚黄教

226

内蒙古多伦汇宗寺

来源 ［日］逸见梅荣、仲野半四郎：《满蒙喇嘛教美术》，
　　　法藏馆，昭和十八年（1943）

　　康熙三十年（1691），康熙帝北巡蒙古，五月初在多伦诺尔召集漠南蒙古和喀尔喀蒙古各部首领盟会，参照漠南蒙古成例，将喀尔喀蒙古改编为三十四旗，命其遵行清朝法令。通过多伦会盟，协调了喀尔喀蒙古各部关系，确立了清朝在喀尔喀蒙古地区的统治制度。应蒙古贵族请求，在多伦敕建汇宗寺，利用宗教，加强对蒙古各部的管理。图为多伦汇宗寺外景。

227

内蒙古多伦善因寺

来源 ［日］逸见梅荣、仲野半四郎：《满蒙喇嘛教美术》，
　　　法藏馆，昭和十八年（1943）

　　清廷提倡藏传佛教，在各地修建众多喇嘛庙，以此安抚拉拢蒙古各部。雍正元年（1723），哲布尊丹巴呼图克图被加封为启法哲布尊丹巴喇嘛，地位与达赖喇嘛、班禅额尔德尼相等，以此拉拢喀尔喀蒙古各部。雍正五年（1727），皇帝动用帑银十万两敕建善因寺（俗称西仓），九年建成。次年，二世呼图克图移居此地，宣扬释教。

228

三世章嘉呼图克图若必多吉铜像

年代　清乾隆
收藏单位　故宫博物院

　　章嘉呼图克图是清朝喇嘛教四大首领之一，主持漠南蒙古和京师地区黄教事务。三世章嘉呼图克图若必多吉与清朝关系密切，曾多次受命入藏处理藏务。乾隆帝命其掌管京城喇嘛，翻译藏文佛经，编成《四体合璧大藏全咒》，并奉命编校《四体合璧清文鉴》。

229

承德避暑山庄须弥福寿之庙

来源　[德]恩斯特·柏石曼：《中国建筑风土》，1920

　　为团结蒙藏各上层，清朝建立避暑山庄，接受朝觐，处理民族事务，并在山庄宫墙外仿照各地寺庙样式，建造普宁寺、普陀宗乘之庙、须弥福寿之庙等寺庙。须弥福寿之庙，俗称班禅行宫。乾隆四十五年（1780），六世班禅前往避暑山庄祝贺乾隆帝七十寿辰，乾隆帝命人仿照扎什伦布寺建此庙，供班禅生活起居及讲经。

230

乾隆帝御制《喇嘛说》

年代 乾隆五十七年（1792）
作者 （清）弘历
收藏单位 故宫博物院

　　清朝在统治西藏地区时注意利用藏传佛教。乾隆五十七年（1792），乾隆帝撰《御制喇嘛说》，文中简述了藏传佛教在西藏地区的流变，指出"兴黄教即所以安众蒙古，所系非小"，明确陈述了兴黄教以安蒙古的国策。此为该文原件。

231

紫禁城雨花阁

来源 故宫博物院

　　清朝在皇宫内也修建藏传佛教建筑，雨花阁是其中的黄教密宗代表性建筑。该建筑由三世章嘉呼图克图主持，仿照托林寺，于乾隆十五年（1750）建成，曾供乾隆帝修炼密宗使用。

三

外交

（一）宗藩往来

232

皇太极功德碑

年代　崇德四年（1639）
收藏单位　韩国首尔松坡区蚕室洞

　　朝鲜李氏王朝自14世纪末即与中国王朝保持宗藩关系。后金天聪元年（天启七年，1627），皇太极出兵朝鲜，朝鲜国王李倧被迫遣使请和纳贡，双方约为兄弟之国，朝鲜与明朝的宗藩关系被切断。

　　崇德二年（崇祯十年，1637），皇太极再度出兵朝鲜，迫使朝鲜国王李倧称臣，接受清廷册封，奉清之正朔，定期向清廷朝贡，清与朝鲜的宗藩关系正式建立。图为朝鲜臣民于汉江之滨皇太极过江地三田渡树立的功德碑。

册封仪注

先期所司张隆结彩于天使馆中经过处所皆结彩设
阙廷于王殿之前中设香案设二人立位于香案左右设宣读诏音
殿前滴水之左设世子侯王受赐予位于香案左右后列世子左右设引礼官二
员辰官左立赞礼官二员陈仪仗于王殿左右设奏案位于泉官读位之下
七月二十六日黎明世子令王令官朝服候集天使馆外开门诣翠
诏勒龙亭置彩亭中秦乐各官行三跪九叩头礼翠前导赴安礼祥路修列立伏数百对
赐国王及王妃级采分置二彩亭中秦乐各官行三跪九叩头礼翠前导赴安礼祥路修列立伏数百对
迎至安礼坊世子侯亲王跪天使官司香案左右奉之商设宣读誊于
官行三跪九叩头接诏翠前导入王门引礼官引世子出露台迎诏世子左右引礼官
晓九叩头诏翠分列左右香案奉龙亭前左右香跪拜官捧香跪进
由世子前升诣香案设宣读置翠官唱跪官跪官捧香跪进
诏勒于奉诏官宣读毕置龙亭前左右香跪拜官捧香跪进
诏勒仍奉安翠亭中世子复拜官拜位奉乐翠由东阶升上香案香跪进
敕赐世子翻足副使于龙亭前世子复拜国王由东阶升上香案香跪进
圣勒万福国王伏兴平身就拜位奉乐翠至龙亭前跪问日
翠升东陛复位奏乐翠身平身宗止引礼官唱翠
圣勒万福国王伏兴平身就拜位奏乐翠止引礼官引国王
王升东陛伏兴平身宗止引礼官引国王后位奏乐百官行三跪九叩头问安礼翠官引国王
诏勒长史将前代诏勒翠验至天使馆
诏勒亲授国王跪助翠验受仍奉安
恩礼毕授国王跪受仍奉安
龙亭中由东陛复位奏乐百官行三跪九叩头谢

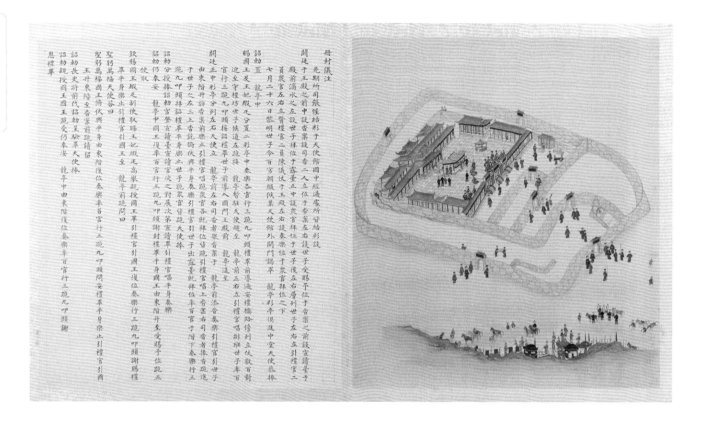

233

《册封琉球全图·册封仪式图》

年代　康熙五十七年（1792）
作者　佚名
收藏单位　故宫博物院

清廷以册封、朝贡等形式为纽带，与周边国家确立宗主与属国的藩属体制，至乾隆朝，已有七个藩属国，即朝鲜、琉球、安南（今越南）、暹罗（今泰国）、苏禄、南掌（今老挝）和缅甸。其中朝鲜、琉球、安南三国遇有新君嗣位，清廷则遣使敕封，显示出较强的政治主从关系。

本图取自《册封琉球全图》，描绘的是康熙五十七年（1718）七月，清廷遣使至琉球敕封，在天使馆内举行册封尚敬为中山王仪式的情景。

234

《琉球国志略·琉球天使馆》

年代　清嘉庆
收藏单位　故宫博物院

琉球称清朝派遣的册封使为"天使"，并在封舟抵达的那霸港口特建天使馆，用于接待中国使臣及随员。天使馆有厅堂楼阁、林木园圃，陈设俱仿照中国。

《万国来朝图·朝鲜安南使臣》

年代　清乾隆
作者　佚名
收藏单位　故宫博物院

　　清沿明制，对朝贡国的贡期、贡道和朝贡规模均有规定。崇德二年（崇祯十年，1637），规定朝鲜每年进贡一次，并万寿节、元旦、冬至三大节为四贡同进。乾隆五十七年（1792）将安南的贡期改为二年一贡，四年遣使来朝一次。本图取自乾隆朝《万国来朝图》，描绘的是"万国衣冠拜冕旒"的场面。在太和门外、金水桥畔，各持贡品的各国使臣团中，前排身着明式朝服的分别为朝鲜和安南国使臣。

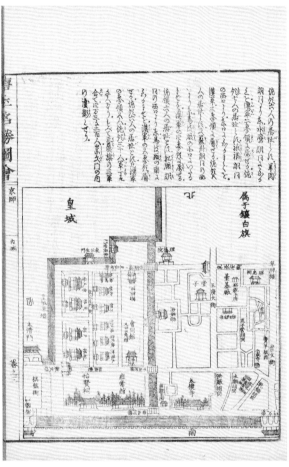

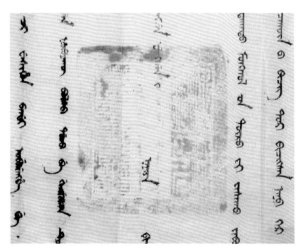

凤凰城门旧照

来源 ［日］山本诚阳：《清韩战时风景写真帖》，明治
三十八年，光绪三十一年（1905）

崇德二年（崇祯十年，1637），皇太极钦定凤
凰城（今辽宁凤城）为朝鲜贡使团所经贡道。凤
凰城南 10 千米之边门，成为朝鲜贡使团进入中国
的第一道关卡。图为清末日本人所摄凤凰城门。

《礼部和会同馆位置图》

来源 ［日］冈田友尚等绘：《唐土名胜图会》，文化三年
（嘉庆十一年，1806）

清代礼部除掌管各种典礼和学校科举事宜外，
还掌管接待外宾事宜，其所属主客清吏司专掌宾
礼及接待外宾事务，会同四译馆掌接待各属国贡
使及翻译等事务。此图标注了礼部和会同四译馆
的位置，其中将会同四译馆误作"会同馆"又曰
"四夷馆"。其实顺治元年（1644）会同馆和四译馆
为分设，乾隆十三年（1748），四译馆并入会同馆。

"理藩院印"印文

年代 嘉庆六年（1801）
收藏单位 内蒙古博物院

理藩院为清廷管理蒙、回、藏事务的机构，
也掌管西、北方面的外交、通商事务，主要为俄
罗斯、廓尔喀（今尼泊尔）的通商交涉事务。"总
理衙门"成立后，理藩院不再执掌对外事务。图
为"理藩院印"印文。

239

《暹罗国金叶表文》

年代　清乾隆
收藏单位　台北"故宫博物院"

　　朝贡国的朝贡表文、奏文是朝贡的重要政治凭据，也是宗主国与藩属国的君臣尊卑关系在外交关系上的延伸和体现。图为乾隆年间暹罗国王郑昭遣使赍送的金叶表文。

240

《安南国王阮光缵奏本》

年代　清嘉庆
收藏单位　中国第一历史档案馆

　　乾隆朝以后，臣工报告政务时概用题本，奏本废止不用，仅在琉球、安南、朝鲜三个藩属国国王因朝贡、陈奏等事致书清帝时使用，附同朝贡表文进呈清帝。图为嘉庆朝安南国王阮光缵进呈清帝的奏本，其上钤清廷颁赐的安南国王之印，使用大清年号。

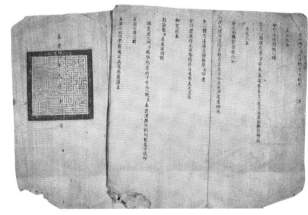

241

暹罗国王郑华贡物单

年代　嘉庆元年（1796）
收藏单位　旅顺博物馆

　　朝贡国所进贡物以本国土产为主。图为嘉庆元年（1796）暹罗国王郑华遣使朝贡时所持贡物表，从中可以看出贡物包括沉香、犀角、象牙等。

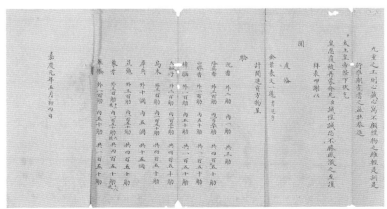

242

缅甸贡玉佛

年代　清光绪
收藏单位　北京市北海公园

　　缅甸向清廷纳贡起于乾隆十五年（1750），十年一贡。光绪年间，缅甸贡玉佛一尊，奉团城承光殿。玉佛用整玉雕琢，高 1.5 米，头顶及衣褶嵌以红绿宝石。玉佛左臂有一刀疤，系八国联军所为。

243

《朝鲜贡道图》

年代　嘉庆十七年（1812）
收藏单位　北京大学图书馆

　　各属国朝贡线路由清廷规定，不得私自改动。朝鲜贡道由凤凰城经盛京过山海关到京师。此图标注了朝鲜贡道，选自嘉庆十七年（1812）黄千人绘《大清万年一统地理全图》。

244

《琉球进贡船图》

年代　清
作者　佚名
收藏单位　日本冲绳县立博物馆·美术馆

　　琉球为清朝藩国，按例两年一贡，从福州闽安镇入贡，由闽江过仙霞岭进入浙江，沿大运河抵达京师。此图所绘为琉球进贡船。

245

琉球国进贡腰刀

年代　清乾隆
收藏单位　故宫博物院

　　清廷按与藩属国隶属关系的远近，对朝鲜、琉球、安南（今越南）正贡物品有详细规定。康熙三十二年（1693）之后琉球的正贡物品为硫黄12600斤、红铜3000斤、锡1000斤等。另有庆贺贡、谢恩贡、陈奏贡等加贡。此为乾隆二十二年（1757）琉球国进贡的腰刀。

《阮光显觐见乾隆帝图》

年代　清乾隆
作者　佚名
收藏单位　故宫博物院

　　乾隆年间，安南的阮氏权臣在驱赶国王黎氏后，曾数次向清廷乞求归顺。为早日稳定南疆，乾隆帝改变对安南的策略，于乾隆五十四年（1789）六月册封阮惠为安南国王，与安南恢复了宗藩关系。七月，阮惠遣侄阮光显为使臣，至热河行宫奉表入觐，获赐看戏，以为优渥。此图选自《平定安南战图册》。

247

《安南贡道图》

年代　嘉庆十七年（1812）
收藏单位　北京大学图书馆

　　安南为清代朝贡国，原为三年一贡，乾隆五十七年（1792）改为两年一贡。此图标注了安南进入中国的贡道：自广西进入，沿湖南、湖北、江西、江南、山东、直隶水路达到京师。此图选自嘉庆十七年（1812）黄千人绘《大清万年一统地理全图》。

《廓尔喀贡象马图》

年代 乾隆五十八年（1793）
作者 （清）贺清泰、（清）潘廷章
收藏单位 故宫博物院

乾隆五十四年（1789），清军平定第一次廓
尔喀（今尼泊尔）入侵，廓尔喀正式向清朝朝贡，
成为清朝藩属国。击退廓尔喀第二次入侵后，乾
隆五十八年（1793）定为五年一贡。此图为乾隆
五十七年（1792）年底廓尔喀所贡象马。

249

《平定回疆战图册·贡使入宴》

年代　清道光
作者　佚名
收藏单位　故宫博物院

　　清廷规定：凡贡使至京，恭遇圣驾至圆明园等处时，享有道旁瞻觐的优待；若驾幸热河，贡使则可奉旨前赴热河瞻仰天颜。道光八年（1828），持续八年之久的新疆张格尔之乱被平定，朝鲜国王遣陪臣李球等人来京庆贺。在八月七日圆明园正大光明殿举行的筵宴上，道光帝令朝鲜使臣亦一同入宴，以示优渥。宫廷纪实性画卷《平定回疆战图册》对此专有描写，画面右侧跪立迎接道光肩舆的大臣队列第三排中，身着绿色官服者即为朝鲜贡使。

（二）近代使领

250

《南京条约》《天津条约》

年代　道光二十二年（1842）、咸丰八年（1858）
收藏单位　中国第一历史档案馆

　　鸦片战争后，原有藩属体制的册封、朝贡外交模式遭到冲击，以条约来进行规范的近代外交使领制度逐渐建立。

　　图为中英《南京江宁条约》、中英《天津条约》中关于英国派设领事以及公使驻京等规定条款的文字。

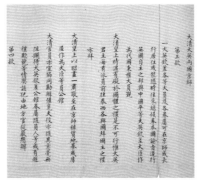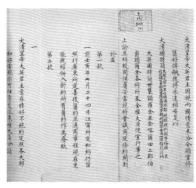
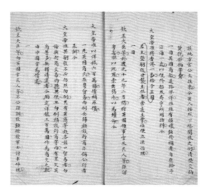

251

总理各国事务衙门

年代　清光绪
来源　上海图书馆徐家汇藏书楼

　　咸丰十年（1860），清廷与英、法签订《北京条约》后，对外交涉事务增多。次年，经恭亲王奕䜣等奏准，于同治元年（1862）二月在东堂子胡同成立总理各国事务衙门，它成为执掌晚清外交、洋务的机构。后来凡与外国有关的财政、通商、军事、教育、交通等均归总理衙门管辖。此为总理衙门大门。

(252)

郭嵩焘像

年代　清光绪

来源　上海图书馆徐家汇藏书楼

　　光绪二年（1876）马嘉理案发生后，清廷派郭嵩焘为正使、刘锡鸿为副使赴英修好，随即常驻英国。此为清廷设置驻外使馆之始，其后，清廷陆续向德、日、法、美、俄等十三个国家设立使馆。图为首任驻英公使郭嵩焘旧照。

(253)

《出使英俄大臣曾纪泽返国图》

来源　《点石斋画报大全·使节临沪》，上海点石斋画
　　　报馆，光绪间印本

　　因临时处理外交任务的需要，使臣往往兼使他国。光绪六年（1880），清廷派驻英公使曾纪泽兼使俄国，谈判改定《伊犁条约》问题。图为光绪十二年（1886）出使英、俄大臣曾纪泽卸任回国临沪时的情景。

《王之春出使俄国图》

来源 《点石斋画报大全·皇华生色》，上海点石斋画报
馆，光绪间印本

光绪三年（1877）总理衙门奏定的《出使章
程》规定，出使大臣分为三等，三年一任，一般
以三、四品官居多，按惯例可加二品虚衔。

光绪二十年（1894），清廷派头品顶戴、湖北
布政使王之春为出使俄国大臣，赴俄吊唁已故沙
皇亚历山大三世，并庆贺新沙皇尼古拉二世加冕。
本图取自《点石斋画报大全》，系时人对王之春访
俄之行的报道。

陈季同像

年代 清光绪
来源 上海图书馆徐家汇藏书楼

根据《出使章程》，使馆的馆长为出使大臣，馆
员分别为参赞、翻译和随员。馆员只定薪金，不定
品秩，相当于使臣的幕僚。图为光绪十年（1884）
时为驻法使馆参赞陈季同的自画像。

256

《罗丰禄致总理衙门函》

年代　光绪二十五年（1899）
收藏单位　中国第一历史档案馆

图为出使英国大臣罗丰禄为索还深圳、九龙而致总理衙门的信函。

257

外务部

年代　清光绪
来源　上海图书馆徐家汇藏书楼

光绪二十七年（1901）六月，清廷明令改总理衙门为外务部，班六部之前列，庆亲王奕劻为外务部尚书。外务部除管辖对外交涉事务外，还执掌通商、海防、路矿、关税、邮电、华工、传教、游历等事务。图为外务部衙署。

《驻意使臣吴宗濂函》及使馆印

年代　宣统三年（1911）
收藏单位　中国第一历史档案馆

图为清廷最后一位驻意使臣吴宗濂发回国内的信函，信封上有红色圆形"大清驻义（意）使者"印。

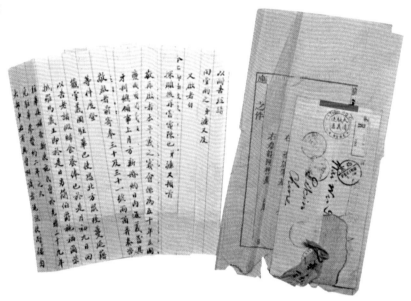

黎荣耀像

年代　清光绪
来源　上海图书馆徐家汇藏书楼

光绪五年（1879），出使美、日、秘鲁等国的大臣陈兰彬奏准在旧金山设总领事一人、领事一人。光绪八年（1882）裁领事。图为驻旧金山总领事黎荣耀旧照。

四

农政

260

《御制耕织图》

年代　清康熙
作者　佚名
收藏单位　美国国会图书馆

清帝一向重视农业生产，经常下旨劝诱农桑。康熙帝甚至亲自在京西玉泉山麓指导种植水稻，还主持编纂了《御制耕织图》，亲自作序，颁行全国，指导农业生产。

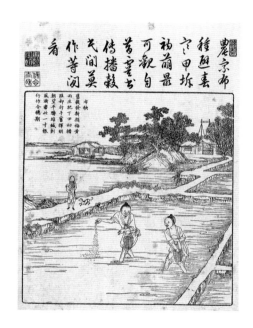

261

《授时通考》

来源 （清）鄂尔泰等：《钦定四库全书荟要》，清乾隆

　　《授时通考》作为传统农学集成的大型著作，在乾隆初年编撰完成。

262

《康熙几暇格物编·御稻米》

年代　清光绪
作者　（清）玄烨
收藏单位　故宫博物院

　　康熙帝重视农业生产，大力推广优良作物。他亲自在瀛台、丰泽园开辟稻田，种植江南香稻、菱角等物，并在田中择取早熟稻种，加以培育。

263

《丰泽早稻图》

来源　《启蒙画报》，启蒙画报馆，光绪二十九年（1903）

　　康熙年间在西苑瀛台建丰泽园，开辟稻田数亩，设立蚕舍。康熙帝亲临劝课农桑。此图描绘了康熙三十一年（1692）四月，康熙帝在丰泽园澄怀堂召尚书库勒纳、马齐等人问询稻田生长状况的情形。

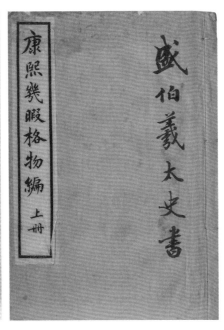

《御题棉花图》

年代 清乾隆
作者 （清）方观承
收藏单位 河北保定莲池书院

　　清代棉花的种植区域较明代有进一步的扩展，专业化、商品化趋势日渐明晰。棉花种植需要经过播种、灌溉、耘畦（即锄草）、摘尖、采棉、拣晒等过程。图为《御题棉花图》拓片，反映了棉花播种、耘畦、摘尖、采棉等生产细节。

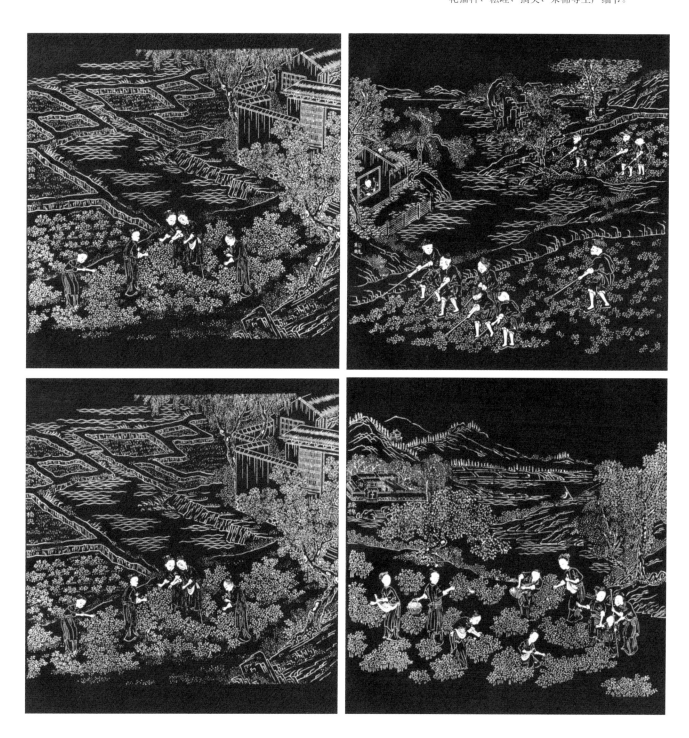

《江宁织造衙署图》

年代　清乾隆
作者　佚名
收藏单位　私人收藏

　　清代在江宁、苏州和杭州三处设立织造府，专办宫廷御用和官用各类纺织品。江宁织造府位于今南京市中心大行宫地区，始建于顺治二年（1645），是清代规模最大的丝织生产基地。其织造部门分工细密，技术上精益求精，所以产品的花色品种及质量相当高。

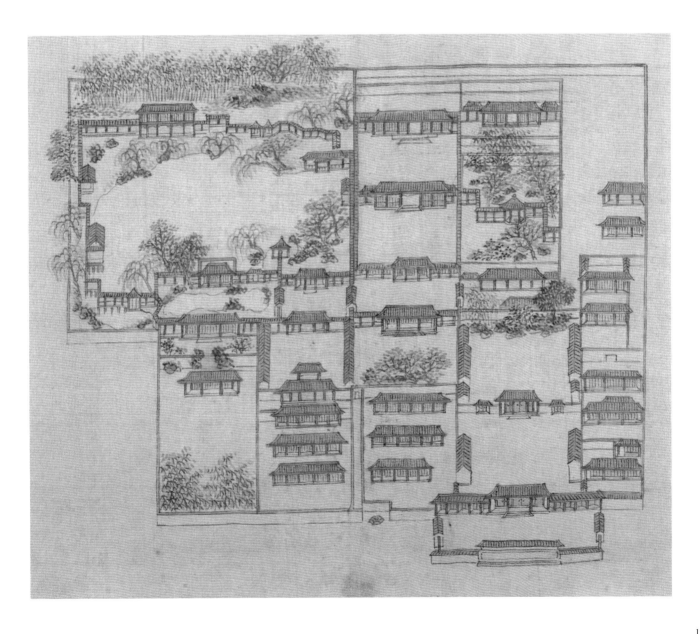

《商部奏定矿务章程》

年代　光绪三十年（1904）
收藏单位　首都图书馆

　　光绪三十年（1904年）五月，商部奏定《矿务章程》三十八条，规定凡禀请办矿，须由部发给执照为凭；集股应以华股占多为主，附搭洋股以不逾华股之数为限；华商能独出资本五十两以上，查明矿工办有成效者，由部专折请旨给予优奖。此举体现了鼓励民族资本，保护国家资源主权的宗旨。

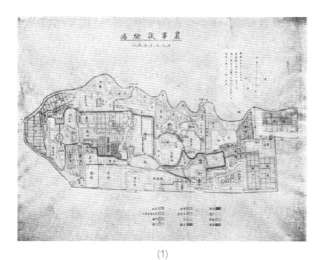

(1)

北京农事试验场全图及旧照

收藏单位　故宫博物院　天津图书馆

　　光绪三十三年（1907），清廷在北京西直门外乐善园官地（今北京动物园）设立直属农工商部的农事试验场，面积千余亩，内设农林、蚕桑、肥料、动物、博物、庶物、会计、书记诸科，进行科研活动。图（1）为北京农事试验场全图。图（2）为该农事试验场大门旧照。

(2)

五
赋税

（一）田赋

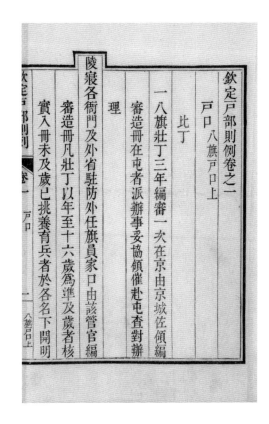

268

《钦定户部则例》

年代　乾隆四十一年（1776）
作者　（清）于敏中等
收藏单位　故宫博物院

　　清代各部院均编纂则例，作为办事规章。《户部则例》从乾隆四十一年（1776）始修，至同治四年（1865）先后修订十四次，除规定户部职掌外，分户口、田赋、库藏、仓庾、漕运、钱法、盐法、关税、税则、廪禄、兵饷、蠲恤、杂支等门类，详细胪陈部内办事程式。

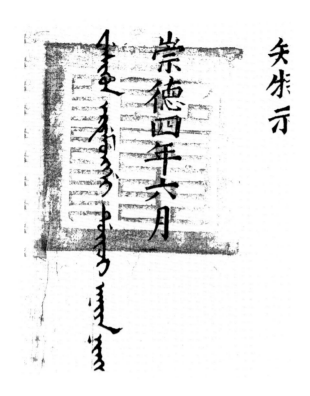

269

后金"户部之印"印文

年代 崇德四年（崇祯十二年，1639）
收藏单位 辽宁省档案馆

　　后金于天聪五年（崇祯四年，1631）设立户部，一直延续到清末新政时才改称度支部。户部掌理全国田地、户籍及财赋收支。清代户部设十四清吏司分管各省钱粮及专项事务，另设井田科、八旗俸饷处、现审处、饭银处、捐纳房、内仓分理相关事务，又设南档房、北档房、司务厅、督催所、当月处、监印处管理档案及部内行政。户部下辖钱法堂、宝泉局、户部三库（银库、缎匹库、颜料库）、仓场衙门、各地户部榷关。图为崇德四年（崇祯十二年，1639）的"户部之印"印文。

270

度支部执照

年代 宣统二年（1910）
收藏单位 天津市档案馆

　　光绪三十二年（1906）七月，清廷改革官制，改户部为度支部，设承政、参政二厅分理部内行政，另设田赋、漕仓、税课、筦榷、通阜、库藏、廉俸、军饷、制用、会计十司及金银库、核捐处、统计处、清理财政处分管相关庶务，辖属宝泉局、土药统税总局、造币总厂、财政学堂、造纸厂、印刷局、币制调查局等相关机构。图为度支部印发的执照。

"盛京户部之印" 印文

年代　光绪二十九年（1903）
收藏单位　辽宁省档案馆

　　清廷于顺治元年（1644）定都北京，以盛京（今沈阳）为陪都，陆续仿行京师设立机构。盛京户部设于顺治十六年（1659），内设经会、粮储、农田三司及银库、内仓，主管盛京地区粮庄、盐庄、棉花庄的赋税、旗地各租及各项杂税、当税等。光绪三十一年（1905），盛京五部侍郎被裁撤，所有部务归盛京将军兼管。图为"盛京户部之印"印文。

"盛京总管内务府印" 印文

年代　乾隆十七年（1752）
收藏单位　辽宁省图书馆

　　盛京内务府设立于乾隆十七年（1752），由盛京将军兼任总管大臣，下设广储、会计、掌仪、都虞、营造五司。广储司管银、皮、瓷、缎、衣、茶六库，并收储皇帝军器、鞍辔、书画等；会计司征收粮庄田赋、掌仪司征收果园赋税、都虞司征收牲丁赋税并放牧官马、营造司管陈设缮修等事。另辖文溯阁、三旗织造库、黑牛馆、乳牛馆、内管领处。此为"盛京总管内务府印"印文。

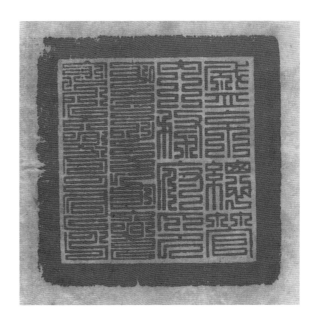

273

勒保墓碑

年代　嘉庆二十四年（1819）
收藏单位　北京石刻艺术馆

　　康熙五十一年（1712）议定"滋生人丁，永不加赋"后，清廷不敢轻言加赋。嘉庆五年（1800），四川为筹措镇压白莲教军需，按田赋加征津贴，称为"按粮津贴"，成为一种田赋附加税。太平天国运动后，各地出现的按粮捐输、亩捐、厘谷、沙田捐等名目，均为田赋附加税。勒保作为四川总督曾负责征收按粮津贴。图为勒保墓碑。

274

漕月米执照

年代　光绪九年（1883）
收藏单位　安徽省肥东县文物管理所

　　清代在江苏、安徽、江西、浙江、湖北、湖南、山东、河南八省征收米、麦、豆等实物，供王公百官俸禄和兵丁粮饷，称为漕粮。此为光绪九年（1883），巢县民人徐恒甫缴纳漕粮和月米后的执照，分列漕粮和月米数。

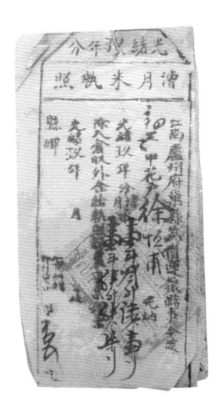

275

《河南赋役全书》

年代　清
收藏单位　中国社会科学院经济研究所图书馆

　　《赋役全书》是全国的赋役总册。《河南赋役全书》则是河南一省的赋役总册。顺治三年（1646），顺治帝下令编纂《赋役全书》，顺治十四年（1657）十月全部编成。它以明万历年间的赋役额数为准，免除天启、崇祯年间的繁重加派。颁行之后，农民所受剥削较之明末有一定程度减轻。

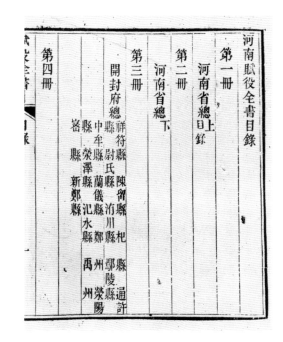

276

《鱼鳞图册》

年代　顺治四年（1647）
收藏单位　北京大学图书馆

　　《鱼鳞图册》是在土地调查清丈的基础上绘制的土地丈量册，册内详细绘制一县一乡土地的方位、地形、土质、面积，标明了业主姓名、乡贯等内容。因图所绘内容详及边土角地，丘段连缀，栉比排列，状若鱼鳞，故名。它在明代初年即已开始采用。清顺治以此作为赋役征收的辅助册籍，据此查阅土地使用状态，以确定税粮，按时征收。这部顺治四年（1647）的《鱼鳞图册》详细标有菜窖、坟地、住基、井边、溪边和竹林等处的土地状况。

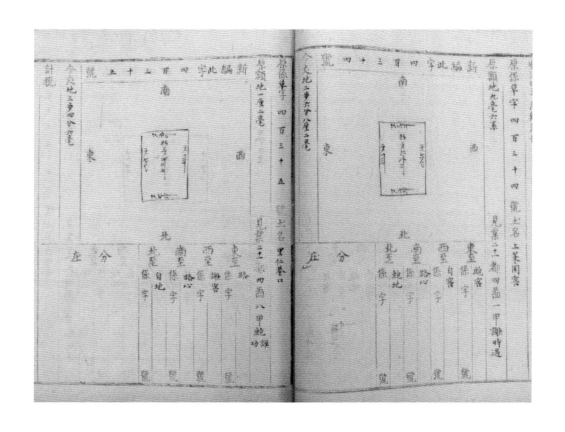

土地执照

年代　光绪五年（1879）
收藏单位　新疆维吾尔自治区吐鲁番地区文物局

　　土地执照又称地契执照，是土地所有权的证明。图为光绪五年（1879）二月，新疆吐鲁番善后抚辑采运总局发给塔吉提的土地执照。可证清代土地制度在少数民族地区也得到实施。

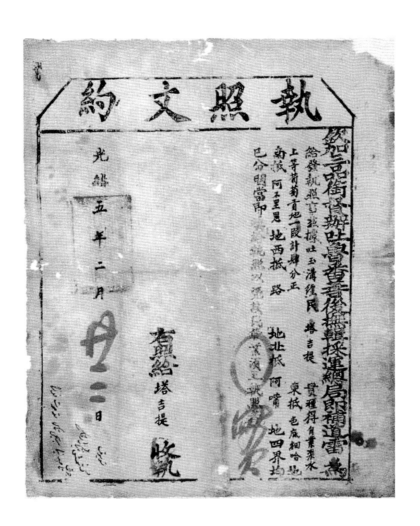

278

归户票

年代　顺治九年（1652）
收藏单位　安徽省博物馆

　　清代，徽州地区清丈土地及税粮推收完成入册后，都图对每一号土地发给归户票或业主存照，上载某都某图、字号、土名、税额、业主姓名、图正姓名等，发给业主收执，以便业主持该图登记入册，归户纳税。此为顺治九年（1652）十月，休宁县十五都五图册里朱忠发给五甲民人程化的归户票。

279

易知由单

年代　顺治十四年（1657）
收藏单位　中国国家博物馆

　　清初，为防止私征暗派，推行易知由单，即赋税通知单。每州县开列田地等级及各类钱粮数，最后列出总数，于开征前一月颁给花户（纳税户）。鉴于印制易知由单的费用由花户承担，州县常借此多征。清廷曾于康熙二十六年（1687）一度停止使用。图为陕西省华阴县易知由单，顺治十四年（1657）十月印制。

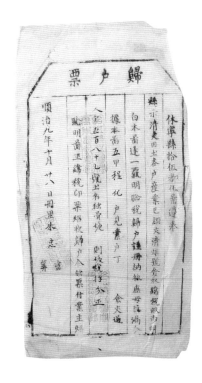

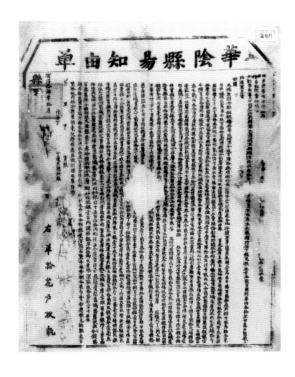

280

米串执照

年代　光绪十年（1884）
收藏单位　安徽省肥东县文物管理所

　　清代田赋完税后，发给纳户串票（又称截票、联票等）作为收据。串票初为二联，康熙中期改为三联（雍正朝一度改为四联）。三联之中，一联交付纳户，二联存县，三联为存根。图为光绪十年（1884），合肥县给民人徐耕读完纳漕月兵米的米串执照。

281

丁地上限执照

年代　光绪九年（1883）
收藏单位　安徽省肥东县文物管理所

　　清代，州县征收钱粮分上忙、下忙两季（又称上下限）。上忙为二月至五月，下忙为八月至十一月，每限缴纳全年应征钱粮的一半。因气候、农时不同，上下限时间各地有差。花户（纳税户）缴纳钱粮后即给收据。图为光绪九年（1883），巢县民人徐承祖缴纳丁地上限银的执照。

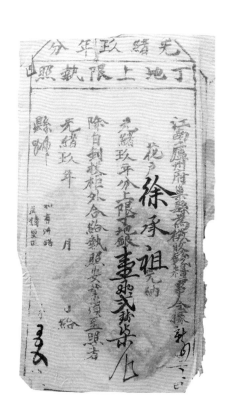

（二）关税与厘金

282

崇文门税关税单

来源　[日]东亚同文会：《支那经济全书》第三辑，明
　　　　治四十年四月，光绪三十三年（1907）

　　清代户关主要征收货物通过税，称为货税，
也称正税。此为光绪年间崇文门税关纳税空白收
据，右为存根。

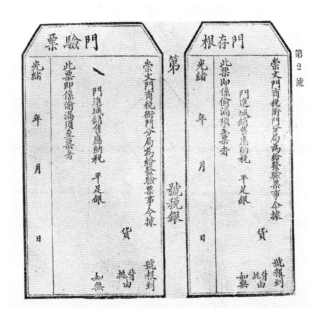

283

船钞执照

年代　光绪七年（1881）
收藏单位　天津市档案馆

　　船钞即船税，亦称船料、梁头税，是对船舶
所征之税。清代前期按照商船长宽分等征收，鸦
片战争后按照载重吨数征税，故又称吨税。图为
光绪七年（1881）江海关发给丹麦电线行的丹麦
商船"斯打诺"号船钞执照。

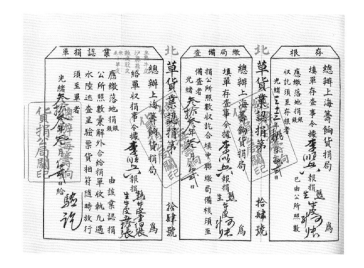

284

总办上海筹饷货捐局发布的三联认捐单

来源 ［日］东亚同文会：《支那经济全书》第九辑，东亚同文会，明治四十一年九月，光绪三十四年（1908）

清末，厘金逐渐发展为恶税，除厘金局征收的坐厘、行厘外，后来还出现了商人包缴厘金的征收方式。包缴又有承总汇缴和认捐两种办法。承总汇缴由同行商家推出一家或数家办理，认捐则由同业或业外人成立认捐公所办理。图为光绪三十三年（1907）三月上海北草货业认捐公所向上海筹饷货捐局缴纳"李顺兴"号落地捐的捐单。

285

湖北通省牙厘总局给付的统捐查验票和收执票

来源 ［日］东亚同文会：《支那经济全书》第七辑，东亚同文会，明治四十一年十一月，光绪三十四年（1908）

清末，为扭转厘金成恶税的局面，光绪二十九年（1903）三月，江西省首创开办统捐，年底获户部认同，奏准各省一体筹办。光绪三十一年（1905），湖北省设置通省牙厘总局，将各处厘金改在第一关卡统收，即可在指定运销地区内不再重征。图为光绪三十一年（1905）十月，湖北通省牙厘总局向完纳统捐商户给付的查验票和收执票。

（三）贡品与捐纳

286

《六安州采茶入贡图》

来源 《点石斋画报大全·采茶入贡》，上海点石斋画报馆，光绪间印本

土贡是古老的赋税形式，以地方土特产满足宫廷需要，或作为少数民族臣服的象征。安徽六安州英山、霍山等县产团黄、芽茶等名茶，清初由茶户办纳本色，后改为折银征收，由官府统一采办。此图绘茶户在谷雨前嫩芽初苗时采摘贡茶，图中文字说明官府亦前往采办进贡。

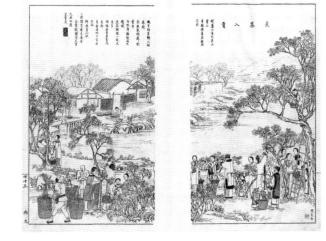

287

何良龙捐谷收据

年代 康熙四十一年（1702）
收藏单位 安徽省博物馆

捐纳是清廷以出卖功名、官衔、官职、封典来筹饷、赈灾、兴办工程费用的办法，清后期在财政收入中的比重日渐上升。捐纳也由初期收受米豆、草束、马驼等实物，演变为基本以收银为主。此图为康熙四十一年（1702），民人何良龙纳谷 400 石捐纳监生，官方发给的收据。

288

国子监收取捐银监照

年代 光绪十五年（1889）
收藏单位 徽州文化博物馆

光绪十五年（1889）八月，安徽歙县吴锡麟向国子监捐银为监生。此为国子监收取银两后，行文户部告知此事的监照。

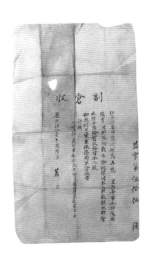

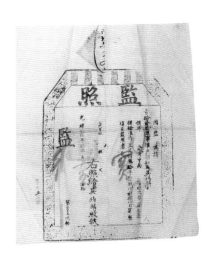

（四）货币

289

天聪汗钱

年代　天聪元年（天启七年，1627）
收藏单位　北京古代钱币展览馆

　　清入关前，努尔哈齐铸造过满文天命汗钱和汉文天命通宝。天聪元年（明天启七年，1627），皇太极铸造满文天聪汗钱和汉文天聪通宝。此为满文天聪汗钱，正面为满文"天聪汗钱"，形制完全仿天启大钱；背面左为满文"十"，右为满文"一两"，为计值兼计重钱币。其满文字为无圈点老满文。

290

顺治通宝东一厘钱

年代　清顺治
收藏单位　中国钱币博物馆

　　清入关后仿历代制度，铸造制钱。顺治元年（1644）铸造顺治通宝，并逐渐形成固定的模式，即正面为制钱名称，背面为满文或满汉文局名。顺治通宝一厘钱铸于顺治十年（1653），十七年（1660）停铸，康熙二年（1663）收回销毁。此钱式"一厘"二字表示当银一厘，"东"为山东省局之意。

291

顺治通宝宝源局钱

年代　清顺治
收藏单位　故宫博物院

　　顺治十七年（1660）停铸一厘钱后，户部宝泉局、工部宝源局铸顺治通宝，背为满文二字"宝泉"或"宝源"。此为宝源局铸顺治通宝。

292

光绪通宝宝源局机制钱

年代　清光绪
收藏单位　中国钱币博物馆

　　钱币原为手工铸造，成本高，工艺落后。光绪十五年（1889），两广总督张之洞使用从英国购置的机器在广州铸造机制钱。此后宝苏、宝浙、福建、湖北、吉林、奉天（今辽宁）、云南等地也开始铸造机制钱。此为光绪通宝宝源局机制钱。

293

咸丰元宝宝武局当百钱

年代　清咸丰
收藏单位　中国钱币博物馆

　　咸丰初年，因镇压太平天国及对抗列强侵略，军费支出浩繁，财政困难，清廷在制钱外开铸大钱，种类繁多，材质铜、铁、铅杂陈，计值从当四至当千不等。当四至当五十多称咸丰重宝，当五十以上多称咸丰元宝。此为武昌宝武局铸造的咸丰元宝当百钱。

294

光绪重宝宝泉局当十大钱

年代　清光绪
收藏单位　中国钱币博物馆

　　大钱开铸引起通货膨胀，兼以私铸盛行，迅速败坏，清廷于是从咸丰四年（1854）以后开始陆续停铸大钱。同治、光绪朝只有当十钱还继续铸造行使，且只值二文。光绪三十一年（1905），当十钱停铸，三十三年（1907）收回改铸制钱。此为宝泉局的光绪重宝当十大钱。

295

《宝泉局位置图》

来源　吴长元：《宸垣识略》，池北草堂袖珍刻本，乾隆
　　　五十三年（1788）

　　户部钱法堂之下设有宝泉局，所铸造钱币供全国经费之用。宣统二年（1910），宝泉局裁撤。此图标注了宝泉局位置，在京师北新桥附近。

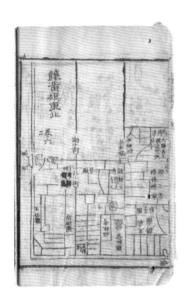

296

《宝源局位置图》

来源　吴长元：《宸垣识略》，池北草堂袖珍刻本，乾隆
　　　五十三年（1788）

　　清代，工部在京师也设铸钱局，名为宝源局，光绪三十一年（1905）撤销，所铸钱币主要供工部工程之用。咸丰年间宝源局所铸钱币曾全部解交户部调配。此图标注的宝源局位置在京师石大人胡同。

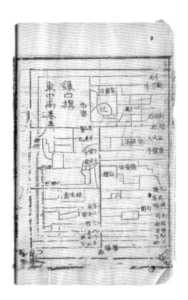

297

户部光绪元宝银币库平一两

年代　光绪二十九年（1903）
收藏单位　故宫博物院

　　光绪后期，各地大量铸造银圆导致重量、成色不一，户部遂试图加以统一。光绪二十九年（1903），户部天津造币总厂铸造户部光绪元宝，币值分为一两、五钱、二钱、一钱四种，但未流通。此为户部光绪元宝库平一两。

298

光绪丙午年造大清金币库平一两

年代　光绪三十三年（1907）
收藏单位　故宫博物院

　　光绪三十一年（1905），清廷为统一币制，奏准设立户部造币总厂，铸造大清金币、大清银币、大清铜币，但均系试铸，未流通使用。此为光绪三十三年（1907）所造大清金币。

大清户部银行兑换券

年代　光绪三十二年（1906）
收藏单位　中国钱币博物馆

　　光绪三十一年（1905）八月，大清户部银行
成立，当年即在北京发行兑换券，后继续发行印
有各省地名的兑换券。此为光绪三十二年（1906）
发行的伍圆兑换券。

交通银行北京银圆票

年代　宣统元年（1909）
收藏单位　中国钱币博物馆

　　光绪三十四年（1908），交通银行成立，次
年（即宣统元年）开始发行货币。此为宣统元年
（1909）交通银行北京银圆票壹圆。

中国通商银行银两票

年代　光绪二十四年（1898）
收藏单位　中国钱币博物馆

　　光绪二十三年（1897），中国通商银行成立，
并获得纸币发行权。该行所发纸币成为中国最早
的华资新式银行纸币。因遭日本人伪造，光绪三十
年（1904）改发新版，原双龙图案改为财神。此为
光绪二十四年（1898）中国通商银行京平足银壹
两票。

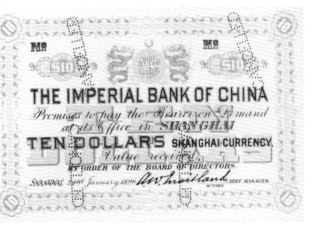

军 务 篇

　　"国之大事，惟祀与戎。"在清代常规朝政中，军务属于重务，为历代皇帝所重视。开疆拓土、平叛安边属于皇帝最重要的职分。乾隆帝立下十全武功，为后代历历称颂，他自己生前也沾沾自喜，颂赞于心。

　　清季，军令权集于皇帝一身，征伐、平叛等军令由皇帝发布，并以御驾亲征或委任大将军的形式率兵征讨。清初皇帝都是马上皇帝，惯于马上征讨。努尔哈齐、皇太极、康熙帝都曾亲自领兵四处征讨，或统一满洲各部，或与明朝对峙山海关，或平定噶尔丹叛乱。进入泯平时期，皇帝不需要亲自出征奋勇斗狠，一般指派征讨大将军领兵四出征伐，乾隆时期平准平回、平定廓尔喀；嘉庆时期征讨白莲教徒众；道光早期剿灭张格尔叛乱，后期对抗英法联军入侵；光绪时期抵抗一系列的列强入寇……千军万马赴关城，军令系于皇帝。

清朝的军务由兵部及地方督抚加衔（比如总督加兵部尚书衔、巡抚加兵部侍郎衔），承皇帝旨意进行管理。清代兵丁主要有八旗军旅、绿营兵、各省兵勇以及晚清新军四种，主要由兵部或者地方督抚专委办事大臣负责日常管理、整军训练、校场阅兵。军功封赏有固定的规则，按功记赏。在古代，个人军功受到极大的表彰，自汉以来，凭军功封爵者比比皆是；以文墨策略封爵者寥寥无几。一场战争下来，领兵将领军功显赫，荣耀朝堂，部叙封赏；皇帝下旨，以册封形式完成封诰。至于集体军功嘉奖，则有固定的郊劳仪式，皇帝在郊外搭建劳军台举办封赏仪式，或于固定地点邀带兵将领筵宴嬉戏，歌舞升平，以表凯宴。

　　清代战事，从统一部落内部到割据辽东，从进兵中原到一统环宇，从平定边疆到抵御外侮，兵、勇、军二百多年的演变，逐步走向近代化，为共和体制的中国留下了还堪继承的军事遗产。

 302

八旗都统旗

年代　清

收藏单位　故宫博物院

　　清代八旗兵，努尔哈齐初建时以正色黄、白、红、蓝四色旗帜为标志，后增设镶色四旗，共为八旗。至皇太极时发展为满洲八旗、蒙古八旗、汉军八旗，共二十四旗，每旗为基本军事作战单位，成为定制。图为故宫博物院藏正黄旗都统旗，方形黄地饰以云龙、火焰纹。

303

《汉军正白旗佐领旗图》

来源 ［日］福岛安正：《日邻邦兵备略》，1885

八旗旗蠹以颜色、形状、尺寸、图案等区分不同部别和军官的职级。八旗佐领蠹丝缎质地，满洲、蒙古不绣图案，汉军绣金飞虎纹，并饰火焰纹。图为汉军正白旗佐领旗。

304

正黄旗护军统领印与印文

年代　清乾隆
收藏单位　故宫博物院

护军营为清禁卫军之一，平时守卫紫禁城内外，稽查出入；皇帝出巡，则扈从宿卫。始建于天聪年间，顺治十七年（1660）定汉名为护军营。每旗设护军统领一人，官秩正二品，掌护军之政令。图为正黄旗护军统领印。

305

镶黄旗护军统领印与印文

年代　清乾隆
收藏单位　故宫博物院

满、蒙正黄、镶黄、正白上三旗护军营为守卫宫禁的主力，由满洲八旗、蒙古八旗中选精锐充任，共约一万五千余人。图为镶黄旗护军统领印。

306

正白旗护军统领印与印文

年代　清乾隆

收藏单位　故宫博物院

　　正白旗为上三旗之一。正白旗护军统领掌正白旗护军营之政令，其下设协理事务护军参领、副护军参领各一人。图为正白旗护军统领印。

307

左翼前锋统领印与印文

年代　清乾隆

收藏单位　故宫博物院

　　前锋营为禁卫军之一，负责宫廷内外轮流值守，并任皇帝阅兵、出巡时的警戒护卫。始建于天聪年间，顺治十七年（1660）定汉名。营分左、右两翼，各设前锋统领一人，官秩正二品。左翼前锋营由镶黄、正白、镶白、正蓝四旗官兵组成。

308

右翼前锋统领印与印文

年代　清乾隆

收藏单位　故宫博物院

　　前锋营兵员由满洲、蒙古八旗的佐领挑选精锐组成，其中一半装备鸟枪，称"鸟枪前锋"；一半装备弓箭等冷兵器，称"一般前锋"。右翼前锋营由正黄、正红、镶红、镶蓝四旗官兵组成，右翼前锋统领掌本营之政令。

309

《八旗通志初集·京营八旗驻防标志图》

年代 乾隆四年（1739）
作者 （清）鄂尔泰等
收藏单位 故宫博物院

　　清入关后，八旗分为京营八旗和驻防八旗。京营八旗为禁卫军，又称禁旅八旗，担负守卫京师、宿卫扈从等任务，遇战事则派往各地。京营八旗，以皇城为中心，按方位驻扎。图为京师内外城八旗驻防标志图。

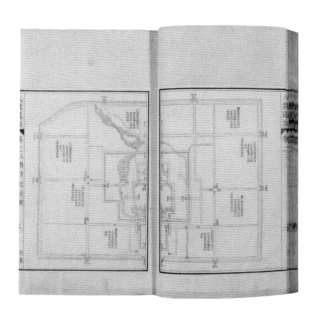

310

康熙帝大阅铠甲

年代 清康熙
收藏单位 故宫博物院

　　顺治十六年（1659），上谕每三年举行一次大阅典礼，以为定例。康熙年间多次大阅。大阅时，皇帝率皇子等均擐甲，内大臣、侍卫大学士、各部院大臣扈从左右，八旗按顺序列队，操演阵法，以振军威。此为康熙帝大阅铠甲。

311

《乾隆帝大阅图》

年代　清乾隆
作者　[意] 郎世宁
收藏单位　故宫博物院

乾隆四年（1739）十一月，乾隆帝在南苑举行了登极后的第一次大阅。图为宫廷画家郎世宁等绘制的乾隆帝骑马阅兵时的情形。

312

《皇帝阅兵油画》

年代　清乾隆、清嘉庆
作者　[英] 史贝霖
收藏单位　马丁·格里高力画廊

皇帝阅兵属于清廷的重大典礼，并对社会生活产生了重要影响。此为乾嘉时期英国画家史贝霖绘制的以大阅为题材的外销油画。

《八旗阅兵走队图》

年代　清乾隆
作者　（清）焦秉贞
收藏单位　中国国家图书馆

清朝从顺治年间开始，逐渐形成了八旗简阅制度，朝廷派王、大臣定期检阅部队，巡查军容军姿、器械装备、军事技能、作战阵法等内容。图为乾隆年间简阅时八旗列队进入校场时的情形。

《八旗阅兵青龙梅花阵图》

年代　清乾隆
作者　（清）焦秉贞
收藏单位　中国国家图书馆

在各旗合操的基础上，京营八旗每年举行一次大操，朝廷派阅兵王、大臣前往视察。图为乾隆年间宫廷画家焦秉贞绘制的《阅兵图·青龙梅花阵》。

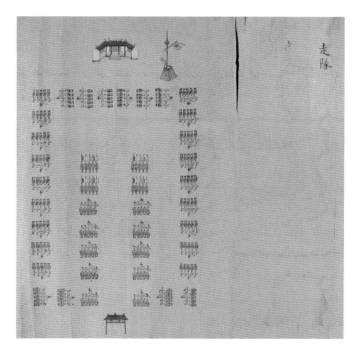

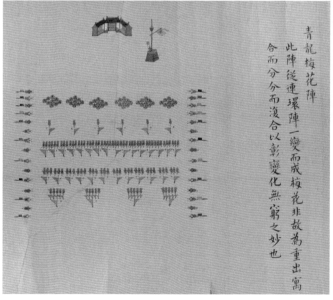

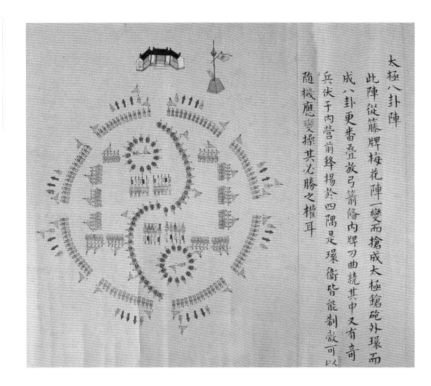

太极八卦阵

此阵從藤牌梅花阵一变而搶成太极镗砲外環而成八卦更番巡放弓箭徐徐内牌刀曲镞其中又有奇兵伏于内营前铎揚於四隅是環衛皆能制敵可以随機應變操其必勝之權耳

315

《八旗阅兵太极八卦阵图》

年代　清乾隆
作者　（清）焦秉贞
收藏单位　中国国家图书馆

　　图为京师八旗阅兵时，由鸟枪兵、弓箭兵、藤牌兵等组成的太极八卦队形。这是专门为简阅而演练的阵式，没有太多的实战价值。

316

《江宁驻防八旗受阅图》

年代　康熙二十八年（1689）
作者　（清）王翚等
收藏单位　故宫博物院

　　顺治二年（1645），清廷开始派遣八旗驻防直省各地，称驻防八旗。驻防八旗平时防守战略要地，并监督绿营，战时则整军参战。顺治二年（1645）十一月，八旗始驻防江宁。图为康熙帝于二十八年（1689）南巡时检阅驻防江宁八旗的情形，选自《康熙南巡图》卷十。

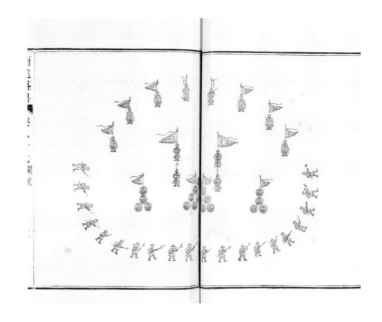

317

《南巡盛典·阅武》

年代　乾隆三十六年（1771）
作者　（清）高晋等
收藏单位　故宫博物院

历次南巡，乾隆帝都要在江宁、京口、杭州
阅兵，其目的是要通过阅兵来炫耀武力、震慑四
方，同时也希望通过阅兵活动对各地的军旅起到
一个督促和整饬的作用。

图绘为阅武的项目之一——藤牌兵操练图。

318

奕谭视察北洋海军照

年代　光绪十二年（1886）
收藏单位　故宫博物院

光绪十一年（1885）九月初六日，上谕醇
亲王奕谭总理海军事务，庆郡王奕劻、直隶总督
李鸿章会同办理，后又准设立总理海军事务衙门。
图为奕谭在大沽口视察北洋海军时的旧照。

319

奕譞巡阅北洋海防

年代　光绪十二年（1886）
来源　徐家宁

　　光绪十二年（1886）夏，总理海军事务大臣奕
譞率会办海军事务大臣李鸿章、帮办海军事务大臣
善庆等巡阅北洋海防。图为奕譞乘坐的帅船旧影。

320

载洵视察西山炮台

年代　宣统元年（1909）
收藏单位　故宫博物院

　　宣统元年（1909），载洵、萨镇冰南下巡阅九
省海防。图为西山炮台官兵列队欢迎载洵时的照片。

（二）护卫宿营

三等侍卫克什克巴图鲁伍克什尔像

年代　清乾隆
作者　[意]郎世宁
收藏单位　私人收藏

　　对清廷武官品级大小有严格的冠服制度规定，平时穿常服。图为乾隆二十五年（1760）宫廷画家绘制的身穿常服的三等侍卫克什克巴图鲁伍克什尔画像。

322

《北征驻营图》

年代　清康熙
作者　佚名
收藏单位　故宫博物院

　　清军野外驻营用帐房有定制，职官帐房用蓝布，长1.2丈、宽6.4尺、高6.5尺，上施梁为脊，两侧各以两柱支撑，幕布斜垂至地，如人字形。兵丁帐房形制相同，唯用白布。此为清人描绘的康熙三十四年（1695）冬至三十六年（1697）秋在北征噶尔丹途中督运军粮的清军驻营时的情形。

323
《行围停跸顿营图》

年代　清乾隆
作者　〔意〕郎世宁等
收藏单位　吉美博物馆

　　清朝皇帝行围对旗纛、扎营营帐等均有定制。此为郎世宁等描绘的乾隆帝率八旗在行围途中安营扎寨的情形。黄幔城中的穹顶毡包为皇帝停跸帷帐，盖高1丈，墙高4尺，外幔白毡，以蓝布为缘；周围设侍卫帐篷。

324
《木兰图卷·下营》

年代　清乾隆
作者　〔意〕郎世宁等
收藏单位　吉美博物馆

　　郎世宁等绘《木兰图卷·下营》，描绘了乾隆帝率八旗在秋狝途中安营的情形，营地错落着随行王公、贝勒的穹顶毡帐，另有职官蓝布人字帐房和兵丁白布帐房。

（三）训练操演

325

《八旗贵族习射图》

年代　清康熙
作者　佚名
收藏单位　故宫博物院

　　清朝以武功开国，十分重视以骑射为主的训练传统。清初，步射和骑射是八旗官兵最主要的训练内容，也是军事技能考核的重要科目。图为康熙年间八旗贵族练习步射的场景。

努尔哈齐御用盔甲

年代　后金天命朝
收藏单位　故宫博物院

　　甲为袍式，绿地红闪缎面，饰银泡钉；古铜
色粗布里，层叠排列钢片。两袖外侧以钢片连缀
而成，钢镀金、银如意纹。盔为钢质，盔搭、护
耳、护颈亦为缎面，布银泡钉，内敷钢片。此为
清宫旧藏，系乾隆朝依照努尔哈齐战甲制成的复
制品。

皇太极御用盔甲

年代　后金天聪朝
收藏单位　故宫博物院

　　甲为上衣下裳式，蓝缎面绣云龙、火珠、暗
八仙纹。甲衣饰银泡钉，古铜色粗布里，层叠排
列钢片；两袖外侧连缀细长钢片。甲裙纵向均布
五道钢片，以银泡钉固定。左、右护腋，前、左
护缝各一，内敷钢片，外饰银泡钉。盔为钢质，
盔搭、护耳、护颈亦为蓝地绣花缎面，饰银泡钉，
内敷钢片。此为清宫旧藏皇太极御用战甲。

328

顺治帝御用盔甲

年代　清顺治
收藏单位　故宫博物院

　　甲为上衣下裳式，有左右护肩、护腋、甲袖；
甲裙分左右，有前裆、左右裆，共十一件。蓝地
锁子纹锦面，饰铜镀金泡钉，前胸悬护心镜；甲
裙纵向均布六道钢片。盔为钢质，盔搭、护耳、
护颈为蓝地人字纹锦，饰铜镀金泡钉。此为清宫
旧藏顺治帝御用盔甲。

329

乾隆帝御用绵盔甲

年代　清乾隆
收藏单位　故宫博物院

　　甲为上衣下裳式，有甲衣、甲裙、前坎，左
右护肩、护腋、甲袖，前、左遮缝等部分组成。
通体织金缎地饰"卍"字纹，饰铜镀金泡钉，前胸
悬护心镜。盔牛皮质，外髹漆，盔沿饰镀金梵文；
盔搭、护耳、护颈为织金缎，饰铜镀金泡钉。此
为乾隆帝冬天举行军事活动时所披绵盔甲。

330

咸丰帝御用盔甲

年代　清咸丰
收藏单位　故宫博物院

　　甲为上衣下裳式，有甲衣、甲裙、前坎，左右护肩、护腋、甲袖，前、左遮缝等部分组成。通体织金缎地饰几何纹，均布十道钢片，以铜镀金泡钉固定，其防护性能得到进一步的加强。盔牛皮质，外髹漆；盔搭、护耳、护颈亦为织金缎地。此为清宫旧藏咸丰帝御用盔甲。

331

康熙帝御用火枪

年代　清康熙
收藏单位　故宫博物院

　　清前期，清军除了大刀、长矛等冷兵器外，少量装备了前装式滑膛火绳枪，清后期洋务运动时也仿西方技术制造了一些新式火枪。早期的鸟枪大多为皇帝专用的狩猎武器。此为康熙帝御用火枪。

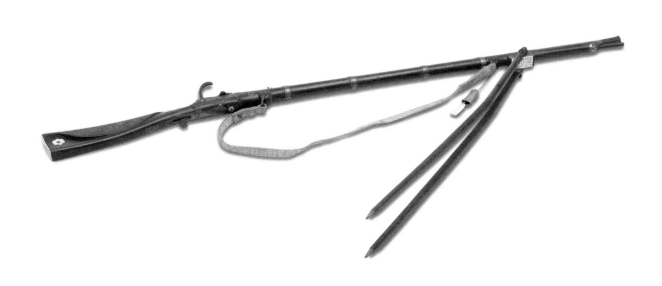

332

康熙帝御用燧发枪

年代　清康熙
收藏单位　故宫博物院

　　燧发枪大约在明末传入中国，此为康熙帝御
用燧发枪。扣动扳机，机轮转动摩擦燧石生火，
点燃火门烘药，具有较高的火器技术水平。此为
清宫造办处制造的康熙帝御用燧发枪及火药袋。

333

乾隆帝御用线枪

年代　清乾隆
收藏单位　故宫博物院

　　线枪属于技术较为原始的火绳枪，没有准星，
发射散弹子。此为乾隆十九年（1754）制的乾隆
帝御用线枪。

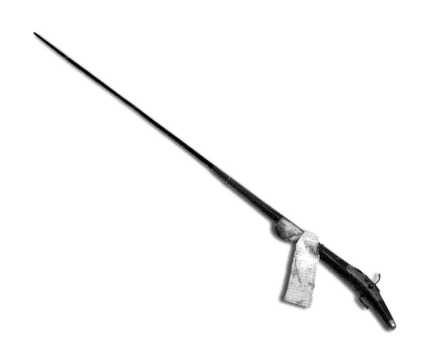

334

神机营莲花口排枪

年代　清同治
收藏单位　故宫博物院

　　同治初年，清廷以醇亲王奕譞统领禁卫军神机营。此为奕譞进献给朝廷的神机营用莲花口排枪，系技术比较落后的前装式滑膛火绳枪。

335

道光帝御用佩刀

年代　道光二十二年（1842）
收藏单位　故宫博物院

　　皇帝御用佩刀，用于大阅、行围等场合，制作精美，多镶嵌金银宝石。此为道光二十二年（1842）御用佩刀，金桃皮鞘，镌"道光壬寅""冲锋制胜"铭文。

健锐营铁鞭

年代　清
收藏单位　中国人民革命军事博物馆

　　为平定乾隆初年的大小金川叛乱，清政府组
建了健锐营，健锐营使用一种专用短兵器：铁质
鞭，横棱如竹节，是一种倾向技巧和力量打击的
近战兵器。

337

健锐营演武厅

摄影者　［德］海达·莫理逊
收藏单位　哈佛大学图书馆

　　为应对大小金川易守难攻的碉楼，清廷组建
了八旗健锐营，在香山脚下建演武场并仿造金川
石碉，演练攻碉技能和战术。图为检阅健锐营训
练的演武厅。

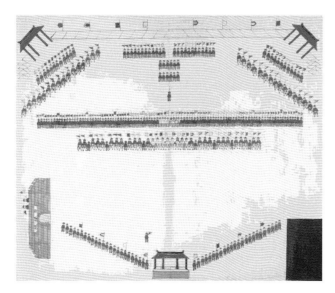

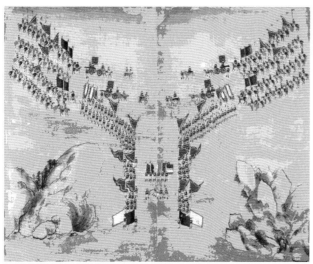

 338

《八旗合操殿后御敌图》

年代　清后期
作者　佚名
收藏单位　北京大学图书馆

　　京师八旗和驻防八旗训练，规定春秋二季合操，由都统、副都统、驻防将军直接掌管，亲临校视，并评定成绩，按例赏罚。图为八旗合操中的殿后御敌阵式。此图选自清人绘《八旗官兵合操阵图》。

339

《骑兵两翼包抄阵图》

年代　清后期
作者　佚名
收藏单位　北京大学图书馆

　　骑射为八旗所长，图中的八旗骑兵充分利用了快速机动的优势，以及地形、地势特点，对进入山谷的敌军步兵形成夹攻之势。此图选自清人绘《十二阵图》。

340

《藤牌手、鸟枪队合演阵图》

年代　清后期
作者　佚名
收藏单位　北京大学图书馆

　　八旗合操，即进行多兵种、多种兵器协同作战的战术演练。图为藤牌兵和鸟枪兵协同战术训练，以鸟枪兵为第一作战梯队，继以藤牌弓箭兵为第二作战梯队，最后两排步兵持冷兵器列步战阵式。此图选自清人绘《藤牌手、鸟枪队合演阵图》。

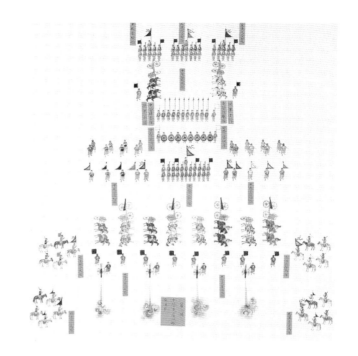

341

《神机营炮队操演图》

年代　同治元年（1862）
作者　佚名
收藏单位　故宫博物院

　　同治元年（1862），清廷在火器营、健锐营、圆明园八旗中挑选千余名官兵，赴天津接受英国军官训练，在神机营率先编成装备洋枪洋炮的经制部队。图为中营克虏伯炮队操演阵式。

342

《旅顺水操图》

年代　清光绪
作者　佚名
收藏单位　故宫博物院

　　《北洋海军章程》规定：每三年朝廷特派大臣会同北洋大臣校阅海军一次，每年由北洋大臣校阅一次。光绪二十年（1894）四月初三日，北洋大臣李鸿章奉旨校阅北洋海军。初七日至旅顺，北洋海军提督丁汝昌率北洋"定远""镇远""致远"等舰，会同福建水师举行了大型海上阅操。这是近代海军史上规模最大的一次海上阅兵。此图选自清人的纪实性彩绘《渤海阅师图·旅顺水操》。

（四）军令军功

皇太极 "宽温仁圣皇帝信牌"

年代　清前期
收藏单位　中国人民革命军事博物馆

清廷颁发军令统一管理八旗、绿营军务，指挥行军作战。颁发军令时一般以信牌、火票等为凭证，有时也直接以上谕形式颁发。皇太极称帝之后制作的 "宽温仁圣皇帝信牌"，作为调兵和传递公文谕令的凭信。该牌正面阴刻填金满、汉、蒙三体 "宽温仁圣皇帝信牌"，背面刻满文并钤方形朱印，附有彩绘龙纹皮护套。

《敕山海关副都统都尔嘉统领八旗官兵谕》

年代　清乾隆
收藏单位　中国国家博物馆

驻防八旗将军、副都统，由朝廷简任，上任前要向皇帝请示训导，清廷借此直接掌控驻防八旗。此为乾隆四十四年（1779）三月初九日任命都尔嘉为山海关副都统的敕谕。山海关属于畿辅驻防八旗，原设总管，乾隆初年改设副都统，统兵八百名，管辖山海关、永平、玉田、三河、顺义、冷口、喜峰口等处要塞。

乾隆朝兵部火票

年代　乾隆四十五年（1780）
收藏单位　中国国家博物馆

清廷递送紧急公文，需用兵部颁发的火票勘合，令沿途驿站星夜驰送。此为乾隆四十五年（1780）七月初四日，乾隆帝于热河行在签发的兵部火票，命将夹板一副，由昌平一路递送至哈喇沙尔（焉耆），并附有交付人海侍郎 "海" 字及满文贴签。

346

光绪朝兵部火票

年代　光绪三十二年（1906）

收藏单位　中国嘉德拍卖公司

　　光绪三十二年（1906）八月，清廷成立邮传部，初步形成近代邮政体系。此为同年九月十一日兵部颁发的递送紧要公文的火票，表明其时驿站网络系统仍然发挥着递送军政重要公文的职能。

347

光绪三十二年兵部兵票

年代　光绪三十二年（1906）

收藏单位　中国邮票博物馆

　　绿营惯制，百里有营，十里有汛，形成严密兵站驻防网络，故常承担护送官员过境等特别差役。此为光绪三十二年（1906）二月初一日，兵部奉旨调拨沿途营汛官兵三人，逐程更替，护送来京的青海札萨克头等台吉棍扎布返程的兵票。

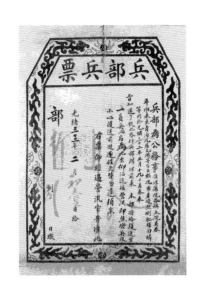

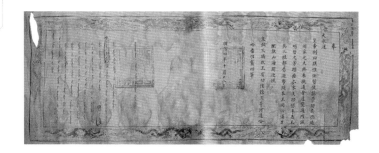

348

《授宋友功三等阿达哈哈番诰命》

年代　顺治四年（1647）
收藏单位　中国国家博物馆

　　八旗议叙军功，报兵部核议，以定功赏等级；特旨优叙，由兵部复议奏请，随时酌定。此为顺治四年（1647）十月十八日授宋友功三等阿达哈哈番诰命。宋为吴三桂部将，因献山海关有功，援例被授世职。阿达哈哈番汉名为"轻车都尉"。

349

《关于战功记录抵消降级事上谕》

年代　顺治十八年（1661）
收藏单位　中国国家博物馆

　　八旗、绿营据功绩大小以定功赏等级，不及加等加级者可给"军功记录"，准予累积计算。此为顺治十八年（1661）四月初八日，谕吏、兵二部，规定以后应以一次武功记录抵消一次降级处罚，不应等同于以往以两次军功记录才能抵销一次降级。

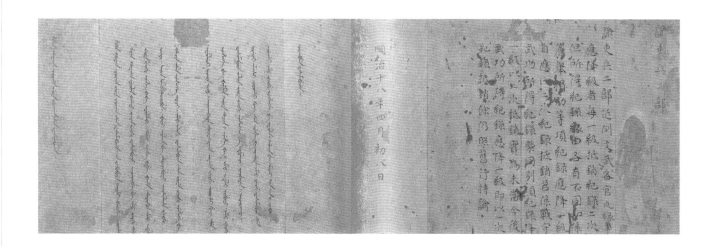

（五）后勤给养

350

《钦定户部军需则例》

年代 乾隆五十三年（1788）
作者 （清）阿桂等
收藏单位 故宫博物院

　　清军入关后，随着八旗、绿营常备兵制的建立和完善，逐步健全了俸饷制度。《钦定户部军需则例》是清廷关于八旗、绿营后勤军需保障的法规性文件。

351

《钦定军器则例》

年代 乾隆五十六年（1791）
作者 （清）阿桂等
收藏单位 故宫博物院

　　清廷规定工部掌管军器制造事宜，八旗兵器由工部制造；绿营兵器，由直省督抚题请就地制造，并具题兵部核准。乾隆间开始撰修的《钦定军器则例》系朝廷颁布的兵器装具制造的法规制度。

352

《同治帝命制火器旨》

年代　同治三年（1864）

收藏单位　中国第一历史档案馆

　　同治元年（1862），清廷动议练兵，改善装备，训练八旗禁军和京师各营，练军之要以制造新式武器为先。图为同治帝给江苏巡抚李鸿章关于抽调火器营兵士赴淮军学习火器制造的谕旨。

拟发王军机大臣　字寄

江苏巡抚李　同治三年四月二十八日奉

上谕总理各国事务衙门奏靖派拨京营弁兵学制火
器一折据称练兵之要利器为先详人所采炸碳
炸弹等项尤为行军利器现在李鸿章军营制造
此项火器已有成效拟靖饬火器营於曾经学制
军火弁兵内挑派武弁八名兵丁四十名发往江
苏一体学习等语所奏自係为思恩设防起见本
日业经谕令火器营照该衙门所靖派拨兵此起
弁兵俟抵江苏後即交李鸿章善为令学习炸
碳炸弹及各种军火机器如能留心学习者有成
效者准该抚从优奏靖奖厉其有意惰偷安不遵
约束者即照军法治罪故抚务当明定勤惰俾该
弁兵等盆心讲求以期借得西人之妙该弁兵等
到苏後该抚务加意稽察委为防间俾秘妙之
传不至稍有涸洩方为妥善所有应给薪水等项
即由江苏酌定支发准其作正开销原摺著抄给
阅看将此谕令如之钦此遵

肯寄信前来

钞交处理衙门

353

神机营枪炮局官员合影

年代　光绪十二年（1886）
收藏单位　故宫博物院

　　光绪九年（1883），醇亲王奕譞奏准朝廷在京西三家店创设神机营机器局，委托李鸿章从欧洲代购机器，光绪十年（1884）建成投产，制造全钢后膛快炮、枪械、水雷、弹药等。图为神机营枪炮厂总办候补直隶州知州岳梁、机器局总办候补道恩佑、军器库翼长候补道王福祥于1886年的合影。

354

载洵考察德国海军装备旧照

年代　宣统元年（1909）
收藏单位　故宫博物院

　　宣统元年（1909）八月，筹办海军大臣载洵率萨镇冰等赴欧洲各国考察海军，先后在德国订造三艘驱逐舰和两艘钢甲炮艇，在英国订造两艘巡洋舰，在意大利订造一艘炮舰，在奥匈帝国订购一艘驱逐舰。翌年再赴美国、日本订购三艘军舰。此为载洵出访考察德国海军装备时的旧照。

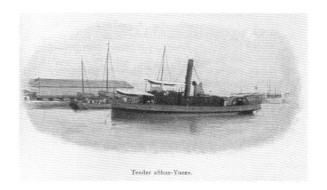

Tender »Shun-Yuen«

355

咸丰朝一两户部官票

年代　清咸丰
收藏单位　南京市太平天国博物馆

咸丰初年，由于对太平军连年作战，军费开支巨大，国库空虚。为筹措军饷，清廷于咸丰三年（1853）开始发行户部官票，为不兑现纸币，面额有一两、二两、三两、五两、五十两五种。此分别为咸丰四年（1854）、六年（1856）的一两户部官票。

356

九龙海关代收海防军费执照

年代　清光绪
收藏单位　天津市档案馆

光绪元年（1875），清廷决定由各省关协款，筹措海防建设的专项经费。图为光绪年间由九龙、拱北海关税务司抽收海防炮台经费的执照。

357

"顺远"号补给船旧照

年代　清光绪
来源　上海图书馆徐家汇藏书楼

光绪十四年（1888）八月，海军衙门奏准颁行《北洋海军章程》。按章程规定，舰船编制中除战舰、训练舰之外，还列有转输枪械的运输补给船，以保证整个舰队接济无缺。此为晚清海军"顺远"号补给船旧照。

《八旗贵族相马图》

年代　清康熙
作者　佚名
收藏单位　故宫博物院

　　清人以骑射得天下，视马匹为行军打仗第一
资材。顺治元年（1644）设太仆寺，掌管牧马事
务。京师八旗用马，由两翼副都统掌管；驻防八
旗亦设有专门管理马驼的机构。此为清人描绘的
八旗贵族挑选良马时的情景。

《乾隆帝御马图》

年代　清乾隆
作者　[意] 郎世宁
收藏单位　台北"故宫博物院"

　　清朝皇帝用马称为"内马"，仪仗为"仗马"，
扈从等坐骑称为"官马"，八旗、绿营作战的称为
"军马"。乾隆帝被称为"马上皇帝"，故西域多次
向其呈献良马。此为宫廷画家郎世宁所绘《四骏
图》局部。

360

镶黄旗牧马旗总管印及印文

年代　道光二十六年（1846）
收藏单位　内蒙古博物院

八旗专设翼领等官职牧养军马。军马分群放牧，牧群设牧长、牧丁等，管理军马牧养事务。此为道光二十六年（1846）满蒙双文体镶黄旗牧马旗总管印及印文。

361

《伊犁马牛市图》

年代　清乾隆
作者　（清）汪承霈
收藏单位　中国国家博物馆

乾隆三十二年（1767），兵部以货物从伊犁换获的哈萨克马匹逐年增加，经奏准所换马匹除拨给新疆各处敷用外，尽数送往甘肃内地使用，形成换获马匹拨给制度。此为乾隆晚期宫廷画家汪承霈绘制的伊犁马牛市图。

《北征督运图》

年代　清康熙
作者　（清）禹之鼎
收藏单位　中国国家博物馆

　　康熙三十四年（1695）冬，清廷集结十万大军平定噶尔丹叛乱，在近两年的征战中，清廷组织了庞大的运输队，分中、西两路，数千里车马萧萧，馈饷不绝。此为清人描绘清军北征噶尔丹途中转运军粮的情形。

（六）郊劳献俘

京师郊劳台遗址

来源　北京市房山区良乡南关

　　乾隆二十五年（1760），为了慰劳平定准噶尔、大小和卓之战的凯旋将士，乾隆帝命于京师之南的良乡城新筑郊劳台，举行欢迎出征将士得胜回朝仪式。此成定制，并载入《大清会典》。此为郊劳台旧址御制诗碑及重建的碑亭。

《平定回部献俘图》

年代　清乾隆
作者　[意]郎世宁、[法]王致诚等
收藏单位　故宫博物院

　　乾隆二十五年（1760）正月十一日，乾隆帝升座于午门楼，大臣侍卫分班扈从，出征将士分三排跪拜，献霍集占首级，举行献俘典礼。此为据宫廷画家郎世宁、王致诚等绘战图印制的平定回部献俘图铜版画。

《郊劳平定回部将士图》

年代　乾隆二十五年（1760）
作者　［法］王致诚等
收藏单位　故宫博物院

　　乾隆二十五年（1760）二月二十七日，在郊劳台举行了欢迎兆惠等平定回部将士凯旋的典礼。台上高高七杆黄色凯旋大纛，卤簿整齐，军乐高奏，乾隆帝在圆坛上祀天，从征将士、王公大臣排班行礼。此为宫廷画家郎世宁、王致诚等以纪实手法描绘的郊劳情景。

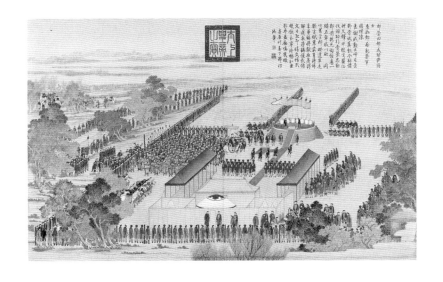

《郊劳平定金川将士图》

年代　乾隆四十一年（1776）
作者　（清）徐扬等
收藏单位　故宫博物院

　　乾隆四十一年（1776）初，阿桂统帅清军平定了大小金川。四月二十七日，乾隆帝骑马亲至郊劳台，主持隆重的郊劳典礼，慰劳犒赏征战将士。此为宫廷画家徐扬绘制的纪实图，并附乾隆帝亲撰《凯歌》诗十首。

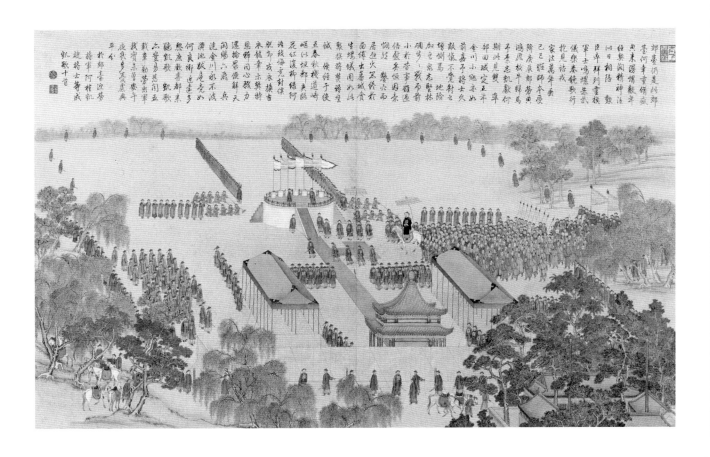

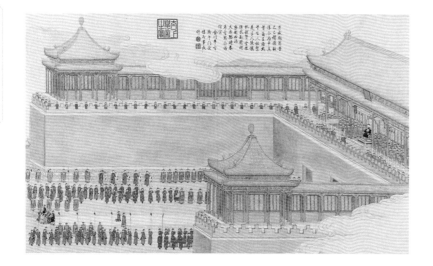

367

《平定金川午门受俘图》

年代　清乾隆
作者　（清）徐扬等
收藏单位　故宫博物院

　　乾隆四十一年（1776）初，阿桂统帅清军取得平定大小金川的胜利。福康安等押解索诺木兄弟等进京，于四月二十八日举行献俘礼。乾隆帝龙袍衮服，御午门楼受俘。此为据宫廷画家纪实绘画铜版印制的受俘图。

368

《平定回疆午门受俘仪图》

年代　清道光
作者　佚名
收藏单位　故宫博物院

　　道光八年（1828），清廷平定张格尔叛乱。五月初十日，押解张格尔至京，十一日献俘于太庙，十二日在午门举行受俘仪式。图为当时宫廷画家描绘的举行受俘礼的情景，道光帝在大臣侍卫扈从下端坐于午门城楼御座，张格尔跪在城楼下，行献俘礼。

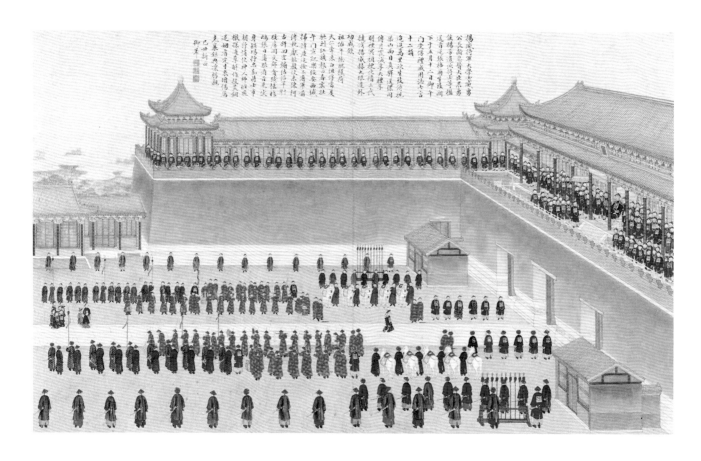

二

战事

（一）亲临战阵

369

《太祖初举下图伦图》

来源　《满洲实录》，天聪九年（崇祯八年，1635）

　　努尔哈齐是一位马上汗王，在统一女真各部的战争中，往往亲临战阵，率兵攻掠。明万历十一年（1583），以为父祖报仇之名，努尔哈齐以父祖遗留的十三副甲胄起兵，攻克建州女真苏克素浒河部尼堪外兰的图伦城，首战告捷，拉开统一女真各部战争的序幕。此为《满洲实录》所绘努尔哈齐初战图伦城图。

370

《太祖灭辉发图》

来源　《满洲实录》，天聪九年（崇祯八年，1635）

　　明万历三十五年（1607），努尔哈齐率兵攻打海西扈伦四部之一的辉发部，破城擒杀首领拜音达里父子。此为《满洲实录》所绘努尔哈齐攻灭辉发部图。

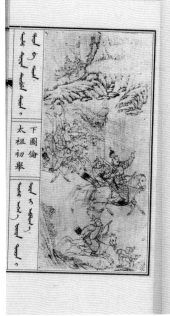

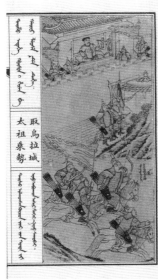

 371

《太祖乘势取乌拉城图》

来源 《满洲实录》，天聪九年（崇祯八年，1635）

　　明万历四十一年（1613），努尔哈齐率兵三万攻打海西女真乌拉部，两军列阵交战，努尔哈齐率先驰马突阵，乌拉军溃败；努尔哈齐乘胜架云梯攻克乌拉城，灭亡乌拉部。此为《满洲实录》所绘努尔哈齐乘势攻取乌拉城的情景。

372

《太祖取抚顺降李永芳图》

来源 《满洲实录》，天聪九年（崇祯八年，1635）

　　天命三年（明万历四十六年，1618）四月十四日，努尔哈齐分兵两路，对明进攻。左路四旗五千兵马进围马根单，努尔哈齐亲率四旗一万五千主力直趋抚顺。十五日晨，努尔哈齐前锋计诱抚顺军民出城贸易，后金主力攻取抚顺，明守将李永芳降。此为《满洲实录》所绘努尔哈齐攻取抚顺的情景。

373

《太祖率兵克清河图》

来源 《满洲实录》，天聪九年（崇祯八年，1635）

　　天命三年（明万历四十六年，1618）七月二十日，努尔哈齐率兵入鸦鹘关，环攻清河堡。明城守副将邹储贤等率明军六千人固守，后金架云梯、挖地道强攻，八进八退，城陷；明将邹储贤等战死。后金军屠城，戮五万余人。此为《满洲实录》所绘努尔哈齐攻克清河堡的情景。

374

《太祖灭叶赫图》

来源 《满洲实录》，天聪九年（崇祯八年，1635）

　　天命四年（明万历四十七年，1619）一月，努尔哈齐率兵攻打海西女真叶赫部，焚毁大小城寨二十余处。八月，努尔哈齐分兵两路，攻打叶赫东、西城，破城攻灭叶赫部。此为《满洲实录》所绘努尔哈齐攻灭叶赫部的情景。

375

《太祖克开原图》

来源 《满洲实录》，天聪九年（崇祯八年，1635）

　　天命四年（明万历四十七年，1619）六月初十日，努尔哈齐调集八旗兵四万，以少量兵力佯攻沈阳，亲率主力于十六日进抵开原城下，布战车云梯攻城，明开原守将总兵马林以下皆被歼。此为《满洲实录》所绘努尔哈齐攻克开原的情景。

376

《太祖克铁岭图》

来源 《满洲实录》，天聪九年（崇祯八年，1635）

　　天命四年（明万历四十七年，1619）七月二十五日，努尔哈齐统兵五六万人围攻铁岭，城外堡明军在围截中四散逃遁。后金军以战车云梯强行攻城，明守城游击喻成名等发枪炮矢石防御，后金军破城而入，喻成名等明守城将士皆战死。此为《满洲实录》所绘努尔哈齐攻克铁岭的情景。

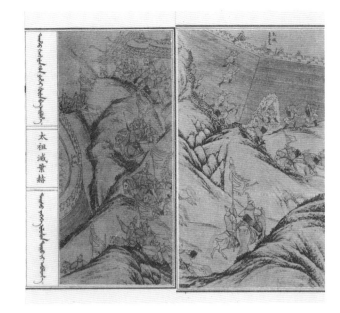

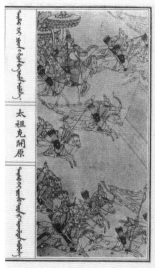

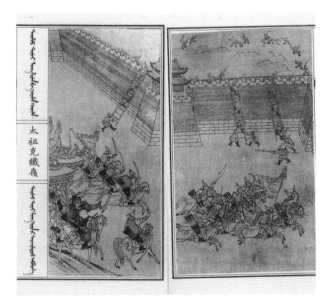

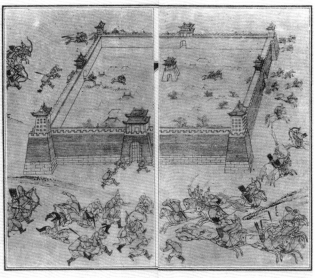

377

《太祖克沈阳图》

来源 《满洲实录》，天聪九年（崇祯八年，1635）

天命六年（明天启元年，1621）三月初十日，努尔哈齐率数万八旗兵，水陆并进，十二日驻营沈阳城外浑河北岸。十三日开始攻城，并诱明守城总兵贺世贤统千余兵力出城作战，予以围歼，贺世贤战而死。八旗乘胜攻城，城东门蒙古降卒临阵叛变，助八旗兵攻入城内，明守城兵民七万人被杀。此为《满洲实录》所绘努尔哈齐攻克沈阳的情景。

378

《太祖率兵克辽阳图》

来源 《满洲实录》，天聪九年（崇祯八年，1635）

天命六年（明天启元年，1621）三月十八日，努尔哈齐统领八旗大军进攻明辽东重镇辽阳。十九日围辽阳，诱使明军出城作战。二十日，八旗兵竖云梯、架楯车攻城，明军施放火箭、火炮等拼力死守。双方激战至天明，努尔哈齐下令以草木填塞内濠，突入城中，明辽东经略袁应泰自焚殉国，守城将士死伤无数。此为《满洲实录》所绘努尔哈齐攻克辽阳的情景。

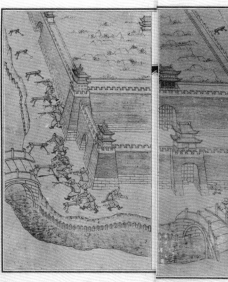

（二）御驾亲征

379

宁远城旧照

来源　[日]内藤虎次郎：《增补满洲写真帖》，小林写真制版所，20世纪初

　　天命十一年（明天启六年，1626）努尔哈齐去世，皇太极继承后金汗位，明年改年号为天聪元年（1627）。是年五月，皇太极率领后金兵五万余人攻锦州受挫，转驰兵宁远。二十八日晨，后金军包围宁远城，明蓟辽督师袁崇焕早有防备，坚城固守，以红夷大炮轰击后金攻城将士，贝勒济尔哈朗等受重伤，后金军兵士死伤数千人，皇太极不胜而还。此为宁远城旧照。

380

德胜门箭楼

来源　吴胜利

　　天聪三年（明崇祯二年，1629）十月，皇太极亲率十万大军，突破长城关隘，攻陷遵化，兵锋直指北京。十一月二十日进抵德胜门，扎营南海子，被袁崇焕所率援军打败，金兵南撤，攻掠良乡等地。此为德胜门箭楼。

193

381

小笔架山明瞭望台遗址

来源　吴胜利

　　崇德六年（崇祯十四年，1641）三月，皇太极亲率四万余骑攻锦州，采取长围久困的战术，并策反守城的蒙古兵，里应外合，攻克锦州外城。驻守宁远的明蓟辽总督洪承畴率步骑十三万驰援锦州，扎营锦州城外，多次击败清军。此为洪承畴援军扎营和囤粮的小笔架山遗址。

382

《康熙帝北征私访明月楼图》

年代　清前期
作者　佚名
收藏单位　故宫博物院

　　康熙三十五年（1696）春，康熙帝亲统九万大军，兵分三路北上，再次讨伐噶尔丹。康熙帝率领的中路军从京师启行，由古北口出塞，顺克鲁伦河而下，直抵科尔沁。此为康熙帝在征途中微服私访明月楼的纪实绘画。

（三）调兵遣将

383

阿济格征战记事木札

年代　清前期
收藏单位　中国第一历史档案馆

　　清初征战，除汗王、皇帝亲临战场、御驾亲征外，多是委派亲王贝勒率兵征伐。天聪十年（崇祯九年、1636）四月，皇太极称帝，国号大清，改元崇德，五月谕令攻明。六月，武英郡王阿济格率清军入喜峰口，攻掠堡寨，避开明军防守严密的隘口，经延庆直入居庸关、昌平，驻营沙河、清河。明廷急调山东、山西等处五万兵马驰援京师。九月，阿济格一路抢掠，经冷口返回。此为阿济格记录参战旗属、作战路线、俘获战果的满文木札。

384

松山嘉庆帝御制纪功碑

年代　嘉庆十年（1805）
收藏单位　辽宁省锦州市义和屯

　　嘉庆十年（1805），嘉庆帝为追述皇太极的功绩，御制纪功碑文，勒石于松山之战战场遗址。

385

《太宗大破明师与松山之战书事文》玉册

年代　清乾隆
收藏单位　故宫博物院

　　崇德六年（崇祯十四年，1641）八月，皇太极派阿济格率军进攻塔山，夺取明军在笔架山的粮草，困明军数万人于松山城中，并截击明军，致其大败，取得松锦决战的胜利，占领了整个辽西地区，给明廷以巨大打击。此为嘉庆帝御书《太宗大破明师与松山之战书事文》玉册。

386

山海关临闾楼

来源　吴胜利

　　顺治元年（1644）四月初八日，清摄政王多尔衮率兵十万向山海关挺进，进至辽河，闻大顺军已攻占北京，转趋蓟州、密云。途中收到明辽东总兵吴三桂的求援信，决定乘机招降吴三桂，合兵攻打大顺军。二十一日，李自成率大顺军到山海关，与吴军激战。二十二日，多尔衮待吴三桂出关降清盟誓后，才出兵至山海关城下，"自北山横亘至海列阵"，杀退大顺军。

387

《多铎得胜图》

年代　清前期
作者　佚名
收藏单位　中国国家博物馆

　　顺治二年（1645）五月，多铎率清军从瓜州放筏渡江，攻克镇江，南京失去屏障，福王朱由崧畏敌如虎，仓皇出逃。十五日，清军兵不血刃进入南京城。不久，朱由崧被执，翌年被处死，弘光政权覆亡。此为多铎大军进入南京时的纪实绘画。

388

"征南大将军印"印文

年代 清前期
收藏单位 中国第一历史档案馆

　　顺治三年（1646），清廷命贝勒博洛为征南大将军，令其率军进攻浙闽的南明势力。五月二十日，博洛军进至杭州。六月初一，清军攻占南明鲁王政权所在地绍兴，鲁王朱以海逃往海上。此为顺治帝授予博洛"征南大将军印"印文。

389

"平西大将军印"印文

年代 清前期
收藏单位 中国第一历史档案馆

　　顺治十四年（1657）十二月，清廷命平西王吴三桂为平西大将军，会同其余两支兵马进攻云贵，彻底消灭南明永历政权。十六年（1659）正月，吴三桂与多尼、赵布泰所率十五万清军会师于昆明，永历帝在清军的追逼下逃往缅甸。此为顺治帝授予吴三桂"平西大将军印"印文。

390

《康熙帝进剿吴三桂敕谕》

年代　康熙十三年（1674）
收藏单位　中国第一历史档案馆

康熙十二年（1673）正月，康熙帝于南苑举行大阅，整饬军备，振奋军威，坚定撤藩决心。十二月起，康熙帝不断下达谕令，部署兵力，增防湖广，控制四川，阻止三藩叛军北进。图为十三年（1674）八月初三日，康熙帝部署八旗劲旅、蒙古精兵开赴战场的敕谕。

391

（耿）继茂私章和印文

年代　清康熙
收藏单位　故宫博物院

康熙二年（1663）十月，靖南王耿继茂、福建总督李率泰等调动郑氏降清诸军，联合博尔特所率荷兰舰队，攻克郑经据守的厦门、金门，并进剿福建沿海岛屿，迫使郑经率余部退守台湾。图为耿继茂水晶私印。

392

《抚远大将军福全征噶尔丹图》

年代　康熙二十九年（1690）
作者　佚名
收藏单位　天津历史博物馆

康熙二十九年（1690）七月初六日，抚远大将军裕亲王福全领军启程北征噶尔丹。出师前一日（立秋后二日），康熙帝赐诗勉励福全，以鼓舞军心，期待王师旗开得胜，早传捷报。此为《抚远大将军福全征噶尔丹图》。

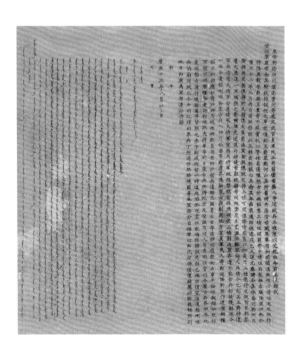

《进兵伊犁图》

年代　清乾隆
作者　[意] 郎世宁、[法] 王致诚等
收藏单位　故宫博物院

　　乾隆二十年（1755）四月，定北将军班第、定边左副将军阿睦尔撒纳等率领的两路清军进逼伊犁，城中准噶尔首领率部众投诚，清军兵不血刃进入伊犁。图为准噶尔民众牵羊携酒欢迎清军入城时的情景。

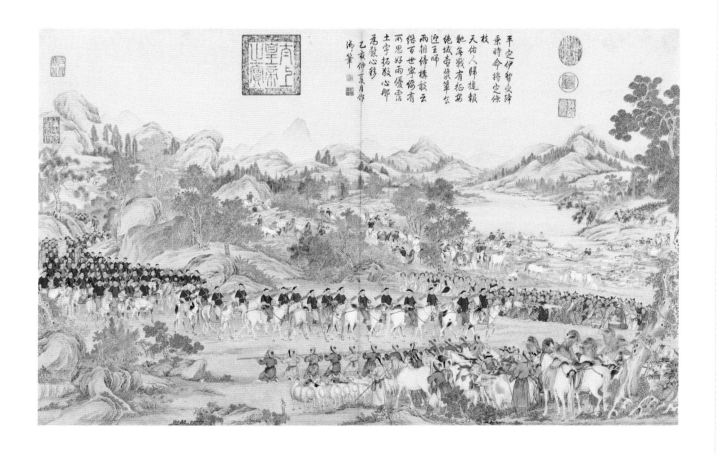

《定边右副将军温福行军图》

年代　清乾隆
作者　（清）倪政
收藏单位　中国国家图书馆

乾隆三十六年（1771），小金川土司僧格桑叛清。乾隆帝命定边右副将军温福由云南开赴前线，接替阿尔泰指挥作战。十一月，温福分兵三路进攻小金川，连克数百座碉卡，初战得胜。图为清人绘清军在险峻山路行军时的情景。

《定西将军策楞决战和落霍澌图》

年代　清乾隆
作者　［意］郎世宁、［法］王致诚等
收藏单位　故宫博物院

乾隆二十一年（1756）正月，乾隆帝命定西将军策楞等率军，分道进攻伊犁。清西路军前锋接敌时中缓兵之计，让阿睦尔撒纳经和落霍澌逃脱，清军执降部分叛军。图为宫廷画家描绘的该次作战时情形。

《定边右副将军兆惠勇战鄂垒扎拉图》

年代　清乾隆

作者　［意］郎世宁、［法］工致诚等

收藏单位　故宫博物院

　　乾隆二十一年（1756）十一月，清定边右副将军兆惠仅率兵五百，在鄂垒扎拉图与准噶尔叛军交战。清军以少击多，大败宰桑达什策凌部。图为宫廷画家绘制的纪功战图，乾隆帝在诗注中褒扬清军"一可当千"，骁勇能战。

397

阿桂像

年代　清光绪
作者　（清）沈贞
收藏单位　故宫博物院

乾隆三十七年（1772）五月，乾隆帝命阿桂自云南驰赴金川前线，指挥南路清军作战，十二月授副将军。在平定金川之战中，阿桂指挥英明，列为首功，封一等诚谋英勇公，授协办大学士，并准紫禁城骑马殊荣。此图为光绪朝摹绘。

398

《福康安解围松桃图》

年代　清嘉庆
作者　佚名
收藏单位　故宫博物院

乾隆六十年（1795），贵州松桃苗民石柳邓反清起事，围攻松桃厅大营；湖南永绥苗民石三保、吴八月等起兵响应。乾隆帝立即命云贵总督福康安、湖广总督福宁等率兵进剿。三月，福康安率三万余清军，分三路围剿起义军，以解正大营、松桃和永绥之围。此为宫廷画家绘制的福康安攻解松桃之围图。

《讷尔经额解围怀庆图》

年代 清咸丰
作者 佚名
收藏单位 中国第一历史档案馆

太平天国定都天京后,命林凤祥、李开芳统兵二万余人北伐,破城过邑,很快渡过黄河,于咸丰三年(1853)六月初三日围怀庆,屡攻不下。清廷以直隶总督讷尔经额为钦差大臣,坐镇怀庆外围的清化镇,统一指挥各路援军,形成对太平军的反包围。太平军为了摆脱被动态势,撤围西去。图为宫廷画家绘制的清军解围怀庆战图。

《胜保进攻独流图》

年代 清咸丰
作者 佚名
收藏单位 中国第一历史档案馆

咸丰三年(1853)九月二十七日,北伐军占领天津西南静海及所属独流镇、杨柳青。钦差大臣胜保、参赞大臣僧格林沁等率清军三万余人增防天津,北伐军接战失利,在静海、独流一带筑垒待援。清军主力包围独流镇,李开芳率北伐军多次打退清军进攻;林凤祥负伤,坚守百天,弹尽粮绝,于次年一月初八日夜,突围向西南撤退。此为宫廷画家绘制的清军攻剿独流北伐军战图。

401

《署理提督马如龙克复楚雄景东图》

年代　清同治
作者　佚名
收藏单位　故宫博物院

　　咸丰十年（1860）四月，滇东、滇南回民起事，首领马德新率众攻陷楚雄府。马如龙率众攻占南安、镇南、定远等县城，后马如龙、马德新等被清廷招降。同治三年（1864）冬，被清廷授署理提督的马如龙引署理云南布政使岑毓英反攻楚雄，攻陷楚雄、景东等城。此为宫廷画家绘制的清军克复楚雄、景东等城战图。

402

左宗棠像

年代　清光绪
来源　上海图书馆徐家汇藏书楼

　　同治六年（1867）初，清廷授左宗棠为钦差大臣、陕甘总督，督办陕甘军务。左宗棠率所部楚军二万余人由湖北樊城分三路进军陕西，采取"先抚后剿"的作战策略，以"先捻后回""先秦后陇"的作战步骤，进剿陕甘回民起义军。此为左宗棠画像。

（四）封赏将士

403

《顺治帝封赏左有进诰命》

年代　清顺治
收藏单位　中国国家博物馆

顺治元年（1644），多尔衮取胜山海关之战，封吴三桂为平西王，并配属八旗骑兵一万人，吴三桂部将亦受到封赏。此为顺治四年（1647）十月十八日，清廷以吴三桂部属游击左有进开献山海关迎候清军有功，升授其为三等阿达哈哈番的诰命。

404

《顺治帝封赏宋有功诰命》

年代　清顺治
收藏单位　中国国家博物馆

顺治四年（1647）十月十八日，吴三桂部属游击宋有功因开献山海关、迎候摄政王多尔衮有功，被顺治帝授三等阿达哈哈番，准袭四辈。阿达哈哈番为清初所定世爵，乾隆元年（1736）定汉名为"轻车都尉"。此为满汉文合璧封赏诰命。

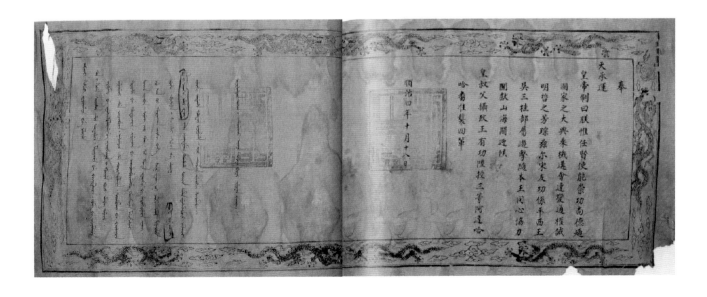

405

福康安入祀奖忠祠碑拓片

年代　清嘉庆
来源　故宫博物院

　　嘉庆元年（1796）五月，清军统帅福康安在围剿苗民起事的作战中，殚精竭虑，鞍马劳顿，致旧病复发，死于军中。清廷命和琳继任清军统帅。第二年，上谕福康安入祀奖忠祠。此为嘉庆帝御制福康安入祀奖忠祠碑拓片。

406

《杨遇春紫光阁画像赞》拓片

年代　清道光
来源　故宫博物院

　　道光七年（1827）三月，陕甘总督杨遇春率所部清军收复英吉沙尔、叶尔羌城。道光帝为襃扬杨遇春在平定张格尔之战中立下的卓著战功，加太子太保衔、赏用紫缰，并令宫廷画家为其绘制功臣像，悬挂于紫光阁，道光帝御书像赞。此为道光十五年（1835）摹刻于其故乡四川崇庆的《杨遇春紫光阁画像赞》碑拓。

407

宁古塔将军巴海谕祭碑拓片

年代　清康熙
作者　（清）玄烨
收藏单位　中国国家图书馆

　　巴海，满洲镶蓝旗。康熙初，出任宁古塔将军，大力督造战船，筹划抗击沙俄入侵作战。《中俄尼布楚条约》签订后，首次巡视边界，立下满、俄、蒙古三种文字界约。图为康熙帝襃奖巴海功绩的谕祭碑拓片。

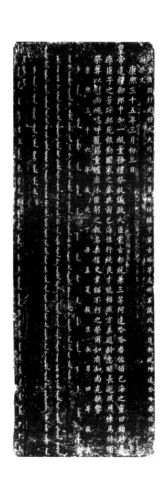

（五）招降叛军

408

《阿玉锡持矛荡寇图》

年代　清乾隆
作者　［意］郎世宁
收藏单位　台北"故宫博物院"

　　阿玉锡原是蒙古准噶尔一名小吏，雍正十一年（1733）投效清廷；乾隆十五年（1750），受萨拉尔推荐被擢为侍卫。

　　乾隆二十年（1755）平定伊犁准噶尔叛乱时，格登鄂拉山一战，阿玉锡率区区二十余名骑兵突袭，大败敌方数千人，深得乾隆帝赏识。乾隆帝为之作歌，并特命郎世宁作此画，将其挂于紫禁城乾清宫殿内东墙上。

(409)

达瓦齐像

年代　清乾隆
作者　［法］王致诚
收藏单位　德国柏林民俗博物馆

　　乾隆二十年（1755），清廷平准噶尔残部，达瓦齐在格登山战败后，率残部翻越天山南逃，被乌什维吾尔首领霍集斯缚献清军，后被押解至京。乾隆帝赦免其罪，封为亲王。图为宫廷画家王致诚为其绘制的肖像。

（六）赐宴庆功

410

《紫光阁庆功图》

年代　清乾隆
作者　[意] 郎世宁、[法] 王致诚等
收藏单位　故宫博物院

　　乾隆二十六年（1761）正月，乾隆帝为了表彰在平定准噶尔和回部大小和卓战争出征将士的功绩，在紫光阁举行隆重的庆功宴，并将宫廷画家绘制的一百幅功臣画像悬于阁内，以示褒扬。图为举行庆功宴时的场景。

411

《清音阁庆功图》

年代　清乾隆
作者　佚名
收藏单位　故宫博物院

　　乾隆五十三年（1788）秋，乾隆帝在避暑山庄设宴犒劳平定林爽文作战功臣，即席赋诗赐福康安、海兰察等，并赐清音阁看戏。

412

《圆明园赐宴凯旋将士图》

年代　清道光
作者　佚名
收藏单位　故宫博物院

　　道光八年（1828）八月七日，道光帝在圆明园正大光明殿赐宴平定张格尔叛乱的凯旋将士，并赋诗以记其盛。此为宫廷画家绘制的《圆明园赐宴凯旋将士图》。

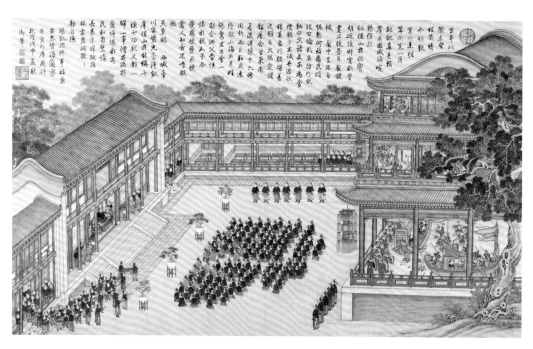

（七）战事纪铭

413

抚远大将军费扬古墓碑拓片

年代　康熙四十一年（1702）
作者　（清）玄烨
收藏单位　中国国家图书馆

康熙三十五年（1696）五月十三日，清廷发动平定噶尔丹战事。抚远将军费扬古率领西路清军至昭莫多（今蒙古国乌兰巴托东南）附近，据险设伏，致噶尔丹精锐损失殆尽，此后一蹶不振。康熙帝御撰碑文，高度褒奖了费扬古在该战中的功绩。

414

《御制平定两金川告成太学碑文》册

年代　清乾隆
收藏单位　故宫博物院

大小金川平定后，清廷在国子监勒石刻碑，同时又将乾隆帝所撰碑文制成青玉册，存放宫中，以为纪念。

415

平定准噶尔勒铭格登山碑亭

年代　乾隆二十年（1755）
收藏单位　新疆维吾尔自治区昭苏县格登山

　　乾隆二十年（1755）五月，乾隆帝御撰《平定准噶尔勒铭格登山碑文》，以纪其功。乾隆二十五年（1760），以满、汉、蒙、藏四种文字勒碑，立于取得决定性胜利的格登山战场遗址，以为永久纪念。

平定准噶尔勒铭伊犁之碑

年代　乾隆二十年（1755）
收藏单位　承德普宁寺

　　平定准噶尔后，乾隆帝在承德修建普宁寺，亲自撰写《平定准噶尔勒铭伊犁之碑文》，以满、汉、蒙、藏四种文字镌刻，以纪武功。

417

康熙平定西藏御碑亭

年代　康熙五十九年 (1720)
收藏单位　西藏自治区布达拉宫

　　康熙五十九年 (1720)，清廷平定了准噶尔在西藏发动的叛乱，七世达赖喇嘛在布达拉宫坐床，清廷在西藏驻兵，设立台站，加强了对西藏的管理。康熙六十年（1721），康熙帝亲撰碑文，在布达拉宫山后建立平定西藏御碑亭，以纪清军入藏平定准噶尔之功。

213

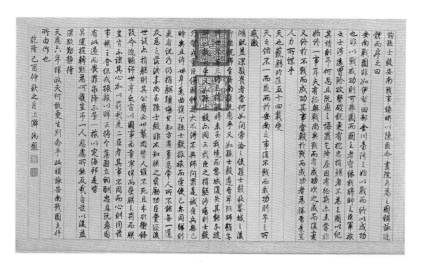

418

弘历《平定安南战图册序》

年代　清乾隆

作者　（清）弘历

收藏单位　故宫博物院

　　乾隆五十三年（1788）六月，安南国王黎维祁被大臣阮惠所逐。清廷决定助黎氏复国，出兵征讨阮氏。图为乾隆帝为《平定安南战图册》亲自撰写的序言，序言记述了出兵原委、作战过程等，以褒扬战功。

419

弘历《御制书安南始末事记》玉册

年代　清乾隆

收藏单位　故宫博物院

　　平定安南后，乾隆帝制《御制书安南始末事记》玉册，记载了清廷出兵援助安南国王黎维祁复位的作战过程，以纪武功。

420

平定林爽文御制碑

年代　清乾隆

收藏单位　福建省厦门市南普陀寺

　　乾隆五十三年（1788）八月，乾隆帝御撰平定台湾碑碑文，在厦门及台湾府城等处，建立碑亭，勒石镌刻，以纪武功。图为立于福建省厦门市南普陀寺的《平定林爽文御制碑》。

后 记

朱诚如教授是以图编史的开创者。2002 年，朱诚如教授主编的"以图说史"大型清史图录《清史图典》出版问世，引发清史学界"以图证史""以图补史""以图明史"的研究热潮，出版了一系列以图片为主要资料载体的清史研究著作。

2013 年，故宫研究院成立，作为首批设立的五所之一——明清历史档案研究所（现为明清史研究所），朱诚如所长谋划了这部《清宫图典》，意在以图片专题的形式为人们廓清昔日清宫运转状态。我应约承担了《清宫图典·政务卷》的撰稿任务。

编写本卷的难点在于廓清朝廷事务与王朝事务的界限，即要分清哪些属于国家事务性质的王朝事务，哪些是宫廷决策的中央朝廷事务，而只有后者才属于清宫事务的范畴。举例来说，六部属于国家王朝机构，九卿则基本上属于宫中管理机构，一般直接承担宫廷事务。再进一步举例说，礼部和鸿胪寺均有筹划宫中仪典的职责，但礼部更多地体现在制订规则、决策活动主题等方面，而鸿胪寺则主要承担仪典程序、引导演礼等方面的具体责任。一套登极大典，礼部离开鸿胪寺的赞襄，是不可能把整个大典完美演礼下来的。

一部图录长卷，不是仅靠我一个人能够完成的。本书的编纂得到了朱诚如教授，任万平副院长、研究馆员的指导与帮助，还得到了故宫研究室多丽梅副研究馆员，以及故宫博士后李文益的大力帮助。还要感谢故宫出版社的万钧副总编，江英、王志伟两位同好以及本书责任编辑王一珂、任晓、温家辉，他们的帮助使本卷搭上了《清宫图典》丛书的出版进程。

谨此表达谢意！

于庆祥

2019 年 9 月 10 日

图书在版编目（CIP）数据

清宫图典．政务卷／故宫博物院编．— 北京：故宫出版社，
2019.12
ISBN 978-7-5134-1260-5

Ⅰ．①清…　Ⅱ．①故…　Ⅲ．①宫廷－史料－中国－清代－
图集　②政治制度史－中国－清代－图集　Ⅳ．① K249.06-64
② D691.21-64

中国版本图书馆 CIP 数据核字 (2019) 第 246281 号

清宫图典
政务卷

故宫博物院 编
主　　编：朱诚如　任万平
本卷编著：于庆祥
出 版 人：王亚民
责任编辑：王一珂　任　晓　温家辉
篆　　刻：阎　峻
装帧设计：李　猛
责任印制：常晓辉　顾从辉
出版发行：故宫出版社
　　　　　地址：北京市东城区景山前街 4 号　邮编：100009
　　　　　电话：010-85007808　010-85007816　邮箱：ggcb@culturefc.cn
制版印刷：北京雅昌艺术印刷有限公司
开　　本：889 毫米 ×1194 毫米　1/16
印　　张：14.75
字　　数：188 千字
版　　次：2019 年 12 月第 1 版
　　　　　2019 年 12 月第 1 次印刷
书　　号：ISBN 978-7-5134-1260-5
定　　价：396.00 元